林建庚

项阳 主编

融合之路

中小学数字绘画跨学科

教学创新案例

光明日报出版社

图书在版编目（CIP）数据

融合之路：中小学数字绘画跨学科教学创新案例 /林建庚，
项阳主编. —北京：光明日报出版社，2015.12

ISBN 978-7-5112-9723-5

Ⅰ.①融… Ⅱ.①林… ②项… Ⅲ.①数学课—课堂教学—教学
研究—中小学②美术课—课堂教学—教学研究—中小学 Ⅳ.①G633

中国版本图书馆CIP数据核字（2015）第295568号

融合之路：中小学数字绘画跨学科教学创新案例

著　　者：林建庚　项　阳	
责任编辑：靳鹤琼	封面设计：北京言之凿文化
责任校对：傅泉泽	责任印制：曹　净

出版发行　光明日报出版社

地　　址：北京市东城区珠市口东大街5号，100062

电　　话：010-67022197（咨询），67078870（发行），67019571（邮购）

传　　真：010-67078227，67078255

网　　址：http://book.gmw.cn

E－m a i l：gmcbs@gmw.cn　　　　caoy@gmw.cn

法律顾问：北京德恒律师事务所龚柳方律师

印　　刷：北京市华审彩色印刷厂

装　　订：北京市华审彩色印刷厂

本书如有破损、缺页、装订错误，请与本社联系调换

开　　本：787×1092　1/16

字　　数：236千字　　　　　　　　　印　　张：15

版　　次：2016年6月第1版　　　　　印　　次：2018年6月第2次印刷

书　　号：ISBN 978-7-5112-9723-5

定　　价：36.00

以变革促进课程创新发展

与林老师和他主持的数字绘画工作室合作的几年时间里，我见证了一群一线教师对教育事业的用心和投入。在当前的小学教育中，信息技术和艺术创作都被学校和教师放在次要的位置上，教材和课程大纲也对教师的教学模式造成了一定限制。而林老师能够用心革新现有的教学设计，重新规划课程内容和教学方法，并将自己的创意和想法投入到实际讲学当中。教学课堂内容不仅仅是一成不变的知识输送，学生也不是被动地接受，而是转化成了一个教师引导、学生创作、启发教学的多元智能课堂模式，工作室的教学理念和教学行为都为未来的教学实践提供了更丰富的参考。

首先，林老师的课程设计符合多元智能发展理论，他提出合作式计算机绘图的教学方案，同时培养了学生的空间智能、人际智能、自我认识智能。学生以小组或团队为单位，为了实现共同的学习目标进行明确的责任分工。在以主题任务为学习目标的教学过程中，教师引导学生进行思考，并通过探究和合作激发学生的主动性，促进了学生多种能力的协调发展。另外，林老师带领工作室将其他学科的学习内容，如英语、语文等，融入电脑绘图创作，学生一方面学会了如何运用绘图工具表达自己的想法，另一方面也通过创作过程对内容本身产生了更加深刻的理解。小组合作尊重了学生个人发展的不同个性，有利于激发学生的学习热情。与传统美术教学相比，通过技术手段拓展了学习空间，从而促进了学生的交流。林老师开发的合作式计算机绘图的系列课程是结合了课程整合、多元智能理论、合作式学习多个方面的理论基础而形成的科学的教学设计模式。

参考本书中介绍的多个教学案例，教师可以在自身的教学过程中找到灵感。数字绘画课程设计大多以学生身边的知识内容或者生活经验为参考，如毕业季、钓鱼岛问题、英语学习等，这些学生熟知的话题可以为学生提供更多的创作空间。除了主题的选择以外，课堂活动形式也需多样化。小组合作、网络搜索、海报创作、多媒体技术等元素都可以融入教学过程中。基于这样丰富多彩的创作资源，学生可以更好地展示自己的想法，通过教师的启发和引导，学生的每一点想法都会被激发出来，最后形成成熟的优秀作品。另一方面，当代社会发展对人才的要求不断变换，未来需要更多具备多元智能的复合型人才，未来社会也对学生的创造力、组织协调能力、信息获取能力提出了更高的要求。在此基础上，传统的课堂教学手段已经不足以满足这些需求。教师需要在传统教学手段中融入更多的科技元素，并且尝试打破学科之间的阻碍。以任务为导向的教学手段可以扩展课堂的自由度，打破学科之间的阻碍，学生可以将知识融会贯通来解决问题，问题解决能力和合作能力也是未来社会所需要的重要能力。

除了具备以上专业理论知识和课程设计的能力之外，林老师给人留下深刻印象的还有他的热情和投入，他和工作室的教师们不断用心修正自己的教学设计，结合学生们的反馈和自己在生活中的反思不断更新自己的教学内容。教师在课余时间完善学生的绘画创作，使之成为一幅幅精美的画作，学生也在整个学习过程中感受到教师的用心和自己完成任务之后的成就感。教育不是理论和公式的堆砌，而需要用心栽培，细心呵护。对教育投入百分之百的热情，用上百分之百的努力思考，每位教师都可以成为一名令人尊敬的教育工作者！

江丰光

北京师范大学现代教育技术研究所

在创意和创新中成长

一片肩负着改革创新使命、集聚着深圳人民所有目光的福田土地，

一个来自八所学校的特色教育研究团队，

一群有着共同梦想执着追求的教师伙伴。

在这里，他们，在成长，在引领。

为了搭建教师成长平台，实现教师的教育理想，深圳市福田区教育局为一批来自一线的教师创设了特色教师工作室这一平台，让许多具有教育情怀和创新能力的教师有了施展才华的平台。作为工作室主持人林建庚老师所在学校的校长及课题的行政主持人，我欣喜地看到了数字绘画特色教师工作室的变化。两年的砥砺前行，两年的大胆实践，工作室的全体成员在教学教研中成长、蜕变、华丽转身。

林老师是一位专家型、研究型、智慧型教师，他为人低调随和，不仅具有深厚的电脑绘画功底，同时在教育教学上独树一帜，所研究的数字绘画教学创新亮点纷呈，跨学科融合、项目学习特色凸显。多年来，他潜心钻研数字绘画跨学科协作学习，注重学科融合，在教学教研上取得突出成绩，先后在国际教育论坛和国家、省、市各级研讨会上进行成果分享，获得教育同行的一致认可。如果用最为朴实的一句话来评价他，那就是"默默无闻却大有作为"。

工作室在秉承和发展教学特色优势的基础上，充分调动工作室成员所在学校的资源，整合各学科教师力量。工作室成员来自不同学科，通过发挥各成员的优势，让每位教师都能找到自己的定位，发挥各自强项，促进每个人的成长。工作室根据教师特点，分别从美术与信息技术整合、动画绘本、英语绘本和校园动漫等不同方面进行教学研究设计，并依托数字绘画相关课题，不

断发现问题点，寻找研究点，对教育理论与教学实践做了积极的探索，提高了成员的教学能力、学术研究能力，有利于发挥团队的引领作用，让特色更多地辐射全区，带动全区课堂教学方式的新一轮变革。

林老师和工作室其他老师一起，通过多年数字绘画教学经验，提炼出科学、系统、有效的课程建设体系，发挥"引领示范激励辐射"作用，力求提升工作室每一位成员的专业能力和业务素养。一方面，工作室积极组织培训，提升电脑绘画和多媒体制作能力；另一方面，深入开展课堂教学设计，听课、磨课，进行教学研究，双管齐下，提升工作室全体成员的能力。

教学创新，理念先行。工作室以"数字绘画跨学科协作学习研究"课题为抓手，在培训、教学、活动和推广等方面逐步深入，设计了科学有效、适合师生发展的研究任务和目标，如围绕"师生主题绘画创作"和"跨学科协作式学习"开展了研讨活动，学生围绕"老师，我想对您说"进行主题绘画创作，老师围绕"孩子，我想对你说"进行绘画，等等。不仅提升了教师的课堂教学设计能力，而且在活动中增进了师生间的感情。通过这项活动，工作室成员的电脑绘画与创作水平也有了提高，同时对学科整合有了新的思考。"跨学科协作式学习"围绕"主题公园"绘画开展了一系列活动，并细分为主题公园门票设计、场景设计、角色设计、外形设计等项目，每所学校参与一个项目的研究。大家进行了精心的课堂教学设计，学生呈现了一幅幅丰富多彩的画图作品，灵感与创意得到凸显。

工作室成员来自八所不同的学校，大家利用数字绘画专题网站进行远程合作学习，由八所学校学生共同完成的一幅"信息乐园"图不仅富有创意，而且让学生尝试了一种新的合作学习方式。此主题性学习活动不仅让学生在动手动脑中提升信息素养，同时也让他们在搜集资料的过程中了解社会，增强公民责任和关注社会的意识。

先进的教育理念和教学思想促进教师的成长，而成长离不开课堂教学的磨炼，工作室教师每学期推出的数字绘画研究课都充满创意，精彩纷呈，让越来越多的教师看到了他们的努力和智慧，如数字水墨画"黑天鹅"、绘本教学"《失落的一角》续编"、英语绘本"贪吃蛇"、动画绘本"小黑鱼"、古诗配画"诗情画意"、Flash绘画"秋天的树叶"、项目学习"未来海底城"等教学设计。

数字绘画工作室的研究成果，吸引了不同地区的教育同行前来交流，林老师及其他工作室教师先后在第二届STEM国际教育论坛、2004全球华人计算机教育应用大会、全国首届教育信息技术展演等多项大型活动中做数字绘画成果分享和课堂教学展示，并举办了多次数字绘画教学研讨和培训活动，极大地推动了该项研究的深入进行，扩大了课题的影响力，同时带动和影响了一批学校和教师投入到数字绘画跨学科融合教学研究中，为教育的创新发展探路。

我们期待数字绘画工作室在自己的路上越走越远！

项阳

深圳市福民小学校长

目 录

CONTENTS

第 一 辑

融合之美——基于学科建设有效性的探索

第（二）辑

课堂实践——学科融合打造创新型课堂

教学创新——开创教学多元化智能模式

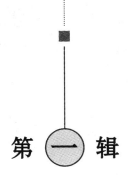

第 一 辑

融 合 之 美

——基于学科建设有效性的探索

走融合之路，创课程之美

——数字绘画特色教师工作室发展规划与畅想

林建庚

一、工作思路

聚集怀有共同教育理想和追求的教师，以先进的教育理念为指导，以课程开发建设为核心，以学科教研为纽带，携同团队教师，以数字绘画与跨学科融合为研究重点，探索与实践适应课程发展的教学方式，提高学科教师专业素养，打造具有创新思维的教师团队，形成独具特色的跨学科教学课程体系，实现课程资源共享；拓宽国际视野，传播前沿变革，引领团队丰富内涵和个性发展，在更大范围内起到辐射作用，形成影响力，打造一支集艺术与技术、能教学会研究的智慧教师队伍，使工作室成为教学研究和师生共同成长的平台。

二、主要目标

（1）主持人能根据工作室成员个人特点，设计适合数字绘画课程发展及个人专业提升的成长规划，有计划、分阶段地逐步推进课程研究，营造积极向上、民主和谐的团队氛围。

（2）探索多元教学方式应用，发挥团队成员个性与特长，促进教师成长，共享课程设计、教学资源、学生作品创意分享平台。

（3）通过数字绘画教学活动，研究学生在认知、情感、创意与评价方面的表现。

（4）通过本土性研究，编写教学设计方案，提炼数字绘画教学策略，出版教材与发表研究成果，最终走向国际舞台。

三、研究内容

（一）聚焦课堂，探索基于数字绘画的多学科教学方式

将美术教育渗透于多学科教学和生活应用作为研究着力点，通过教师自身的提升，改变教与学方式的改变，构建集整体化、个别化、自主化和多元化教育内涵于一体的课堂，在提升教师数字绘画技能技巧的同时，从以下四个方面对教学方式进行探究与实践：

（1）探索信息技术与美术学科深层次整合。

（2）校际之间和课堂小组合作学习，促进学习共同体的研究。

（3）基于项目教学法（Project-BasedLearning）的探究性学习，并开展调查研究。

（4）将数字绘画与多学科教学应用结合起来进行探索与实施，探讨基于远程合作学习跨学科教学之成效。

通过逐步分层递进、逐步深入的研究实践过程，培养创新思维，形成个人鲜明的教学特色。数字绘画特色工作室有成员11人，来自七所中小学校的4个学科，每位成员都具有一定教学经验和技术水平，在工作室活动中，根据数字绘画操作性比较强的特点，加强理论和技术的学习培训，采取课堂教学、活动设计、网络互动、主题探究等多种形式，逐步完善课程建设。

（二）分段递进，有效推进特色课程创建

教师应明确中小学数字绘画教学不只是创作一件作品，而是在创作过程中提高学生信息素养和信息技术能力，启发学生创新思维，提升其创造力，培养学生对美的感受和鉴赏能力，突出师生间的创作分享和学习表达，激发学生多元智能，让学生的创意得到无限发挥。多学科教学整合不只是不同学科教师之间的合作，更是在课程设置中学科内容的融合。本工作室每学期将研究一个共同的主题，通过多元的教学方式，对绘画软件、绘本故事、儿童插画、数字水墨画、平面设计、数字动漫等内容，通过"培训—教学—反思—提炼"等环节，进行课堂教学和活动设计的案例分析，将数字绘画中的审美教育融合其他学科教学，探索视觉、文字、音乐等知识领域的跨学科整合，并在主题探究活动中，根据教师和学生的多元智能，使师生的创新思维和创造力得到发展。

在团队的研究活动中，我们将以学生为中心，尝试创新教学方式，将作品创作、教学研究、活动设计等案例分析作为行动研究的重点，提炼适合学

融合之美——基于学科建设有效性的探索

第一辑

生发展和数字绘画课程建设的教学方式，并由专人负责案例收集整理，形成有推广价值的教学成果。在课程推进过程中，从以下不同层面进行研究：

（1）教师层面：数字绘画的创新教学、学科融合，每年一批教案。

（2）学生层面：突出数字绘画对发展学生多元智能、促进学习能力提升方面的作用，每年一套学生专题绘本与创作书。

明确每年研究侧重点，搭配每年工作与培训等活动开展。

工作室不同学科教师根据不同专长，分小组研究，以数字绘画教与学为核心，开展特定主题的研究，如儿童数字绘画心理学、数字绘画与英语学科整合、数字绘画与多元智能的培养设计、远程合作学习、Scratch绘画与编程……

数字绘画教学对硬件也有要求，期待通过活动的影响，争取区电教站和学校领导支持，更新或升级教学设备，改善成员所在学校数字绘画硬件环境。

（三）以课题为牵手，在教学活动中提升研究水平

工作室主持人曾主持过"中国和联合国儿基会远程合作学习项目""中国和美国worldlinks合作学习项目""网络环境下师生电脑绘画创新思维培养研究"等课题，正在进行"福田区推进创建美术特色学校项目""福田区一校一特色项目"等研究，课题及项目的经验对工作室未来教学科研有重要的影响。主持人将带领工作室成员继续参与项目研究，并与他们分享研究成果，提升工作室成员理论水平，学习国内外名师先进的教育理念，探索数字绘画可行性研究途径和个人专业发展之路。主持人和工作室成员一起，多阅读、多思考、多创作、多写作，提高理论研究、审美情趣和创作能力，并将自身专业素养的提升应用到教学研究中，带动个人教学思考、论文撰写、思维表述等多方面能力的提升。重视工作室成员之间的交流与分享，通过面对面的研讨与网络交流，探索教学中的研究点，并在教学活动中进行检验，形成适合课程发展的成果，让数字绘画的创新成果得以推广。

根据本工作室研究内容和成员特点，申报福田区"远程合作学习下数字绘画跨学科整合研究"公益性课题或其他级别课题，利用专题网站展开研究。

（四）彰显个性，形成个人特色和课程特色

数字绘画不属于国家统配课程，课程设置本身即是一种改变，工作室开始的定位为跨学科整合，并以工作室七所学校为学习共同体，实施远程合作学习教学研究，这对工作室来说无疑是一个很大的挑战。如何打造一个富有特色的课程体系，形成有价值的成果，是本工作室需要研究的问题。工作室成员涵括美术、信息技术、语文、英语等学科教师，多学科并存意味着教师各有所长，发展方向也不尽相同。如何在数字绘画框架内进行课程开发与实施，融合学科资源和教师资源，是主持人和工作室所有成员思考的重点。近年来，主持人在北京师范大学基础教育年会、第二届国际STEM教育研讨会以及全国首届教育信息技术展演活动中，做了有关电脑绘画多学科整合教学经验分享和教学展示，得到国内外专家的认可，在课堂教学实践中也深受学生欢迎。

本工作室吸纳了一批有着丰富经验的老师，莲花中学的郭小夫老师本身是美术组长，对数字动漫艺术深有研究，并有极高的教学指导能力和丰硕成果；郭憬思、余婷婷老师对美术的理解和创意独具高度，也有丰富的美术教学经验；李军超老师致力于英语、电脑、绘画整合研究；杨敏老师多年来一直进行动画教学与学生指导；陈秀老师目前研究Scratch绘画与编程，陈苗、谢燕芳、赵丹、向冬梅、罗慧等老师一直进行电脑绘画教学与学生第二课堂指导，这些老师在个人学科领域都有鲜明的教学特色，为工作室的建设和发展奠定了坚实的基础。

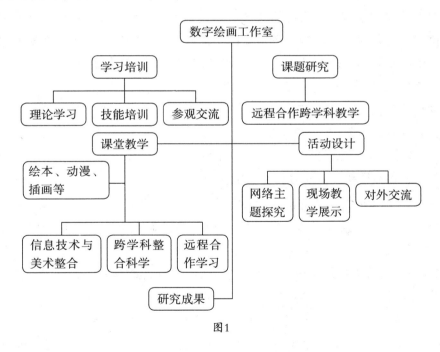

图1

工作室将在以上框架内，细化各阶段研究内容和研究点，着力提高成员的审美能力和创作水平，尊重成员个性特点与教学特长，每阶段有研究主题，进行教学方法反思和成员之间的成果共享，通过"总—分—总"的步骤，让研究主体既有重点，又各有特色和发展侧重点，在活动中提炼优秀的教学和活动案例，并引导工作室成员设计优秀的教案和学案，使其在教学实践和理论研究上同步提升，形成科学有效的特色创新课程。

四、主要措施

（一）专家引领，促进提升

工作室根据《名师工作室工作职责》要求，及时争取得到区教研室领导和专家的指导，并根据活动进程不定期邀请区外专家进行现场讲座和指导，通过在课程设计、课例分析、专题活动、论文撰写等方面的指导，帮助成员在理论研究和教学实践方面都得到提升。

工作室还将组织成员参与其他优秀学校和各级数字绘画研究活动，开拓视野，吸收先进经验，在学习交流中快速提升。

（二）自主研修，专业发展

工作室成员根据切合实际的目标，发挥学科特点和个人特色，通过自主学习、反馈和检查提升自己，阅读有关教育理论、美术和信息技术等的书籍并撰写心得体会，关注教学创新动向，不断接触新的教育理念和教学方式，应用于课堂教学；勤练习、多创作，相互学习，提高教学基本功。

（1）主持人和工作室成员每学期开展图书推荐、图书漂流、自主阅读等多种形式的读书活动，至少阅读两本有关教育、哲学、美学、文学、艺术等方面的书籍，并撰写读书笔记。

（2）主持人每学期举办一次专题讲座，或上一次公开课，每年在省级以上杂志发表一篇研究论文或研究案例。

（3）每位成员每学期上一节校级研究课，三年内上一节区级以上展示课。

（4）每位成员每学期至少创作一件数字绘画作品，并撰写创作教程和体会。

（5）每位成员每年至少写一篇理论文章和一篇教学案例，三年内至少有一篇在区级以上正规杂志发表。

（6）工作室三年中承担一项区级以上与工作室研修有关的课题，并在周期内有阶段性或终结性成果，每位成员确立自己的教学科研课题（或导师课题下承担子课题），做好课题的计划与研究过程的记录、整理、反思、总结、交流、集体修改等。

（三）共建团队，合作成长

（1）主持人与全体成员有研究的热情、主动性和恒心，共同打造一个民主、和谐、自信、富有凝聚力的研究团队。

（2）工作室每月聚会一次，进行数字绘画技术培训和美术欣赏，举办讲座，召开主题论坛，观看音像资料，组织成员授课、集体议课等，全员参与研课、听课、说课、评课、反思跟课等，开展形式新颖、实效性强的教学课改研讨活动和专题培训活动，也包括集中进行数字绘画训练及外出听课、写生等活动。

（3）开设专题网站，设置内容丰富的栏目，及时更新内容，利用网站开展教学活动、微课程建设、合作学习成果展示和活动信息发布等，积极在网络平台开展讨论和评课；同时通过QQ群平台开展实时研讨，及时解决研究中的困惑，利用网络进行教与学方式主题探讨。

（4）制定工作室活动三年规划、阶段研究计划，以及工作室成员个人发展规划；制定工作室制度，明确职责，制定激励性评比方案，并及时做好教师成果的统计归档工作。

（5）工作室成员积极参加各级各类教育教学比赛，并积极辅导学生进行数字绘画创作和参赛，培养一批有潜力的学生，提高教师的指导能力。工作室每年组织一次师生现场作品展或网络画展。

（6）严格按规定合理使用活动经费，做到专款专用，满足团队建设中的资金需要。

（四）分享成果，扩大影响

（1）工作室成员积极参加各级教育研讨会和其他名师工作室举办的教育活动，吸取他人先进经验和做法，在学习交流中，提升专业素养；每学期组织一次研究成果现场活动，通过讲座、沙龙、研究课等不同形式进行展示，邀请专家现场把脉，促进教师成长。

（2）充分利用数字绘画工作室专题网站，使其既作为成员自我提升的平台，也作为师生合作学习的空间，并通过网站传递数字绘画教学方式改变动态，进行成果展示。

（3）形成有成效的数字绘画特色课程，带动一批学校和教师参与研究，并逐步走上更高级别的教育研讨会，交流和传播前沿的创新成果，分享研究经验，使数字绘画跨学科整合方式辐射范围更大。

五、预期研究成果

（1）根据活动目标，精心设计数字绘画创新方式的课例和学生辅导课例，完善具有推广和辐射作用的专题学习网站。

（2）整理数字绘画教学案例、研究论文，区分工作室、成员个人和有学科特色的创意绘本、数字绘画故事、动漫插画、绘画教程等师生作品集，并成辑发行。

（3）设计并撰写工作室活动总结、课题实验报告和结题报告，按名师工作室管理要求，至少发表论文12篇，其中3篇刊登在核心刊物，活动周期内完成课题结题验收。

（4）编写《数字绘画》校本教材、工作室教育研究专著。

打造小学数字绘画思维型课堂

——Beautiful Seasons字母插画课堂教学漫谈

林建庚

新课标指导下的课堂，是以学生为中心、还原课堂本质的课堂，能让学生学有所思、学有所悟、学有所得，通过学生的感受、合作、探究、体验、交流，注重学习过程中的思维训练与合作学习，培养学生的审美感知与情趣，提高其美术鉴赏力和创造力。艺术形式的创新在不同时代从未停滞过，美术也随着人们审美情趣的变化，从传统的纸质绘画、手工制作等表现形式逐渐演变出无纸化电脑数字绘画形式，并延伸到我们的日常生活中，成为现代媒体传播的时尚主流。数字绘画也因为它的多样性，以及对传统美术特点的继承性和表现形式的独特性，吸引了越来越多的学生的喜爱。小学数字绘画融合了信息技术和美术学科，是真正跨学科教学实践，尤其是网络为学生提供了快捷有效的互动学习平台，让学习过程和成果共享成为可能。

小学数字绘画教学需注重对学生审美能力和创造能力的培养，而不应该偏重对绘画软件技巧及特效的应用，根据儿童年龄特点和兴趣来设计教学主题和内容，以求调动学生思维，全面提升学生对美术的感知和创造能力。儿童插画是一个充满奇想与创意的世界，每个人都可以借由自己的彩笔尽情发挥个人独特的想象力。

教学基本过程与方法

一、创设情境，感受四季

师：同学们，窗外的植物园，有什么变化呢？（观察和发现产生对春天的联想）

图1

融合之美——基于学科建设有效性的探索

第一辑

· 9 ·

师：（展示课件图片）请为图中的姐姐（图1）取个名字，你觉得叫什么好？为什么呢？

师：（教师板书"spring"，播放背景音乐）春姑娘的长发充满春天的美丽，让我们一起触摸春天，畅想春天里身边的变化吧。请与身边同学讨论交流有关春天的诗、歌、画和曾经的经历。（对春季的联想调动了学生的思维，教师有意识地引导学生感受一年四季不同的美）

师：一年四季每个季节都有自己独特的美，你最喜欢哪个季节呢？（展示英文单词spring、summer、autumn、winter，展示"春天/夏天/秋天/冬天是_____季节"）

生：（学生快速随意完成造句）我喜欢春天，因为春天是鲜花开放的季节/我喜欢夏天，因为夏天可以去大海游泳/我喜欢秋天，因为秋天是收获的季节/我喜欢冬天，因为冬天可以堆雪人……（学生了解一年四季的环境变化以及对人们生活的影响，学会观察和感受身边发生的变化，在头脑中构建丰富的季节影像）

二、认知规律，深入探究

情景的创设是为教学内容做铺垫的，掌握绘画创作中的美术知识点与创意表现，是本课教学需要实现的目标之一。

图2

师：（展示四季自然风光图片，图2）请学生直观感受四季的色彩和景色，从具象的景观中认识不同季节中色彩的变化。

师：（展示放大图片，图3），要求学生通过比较后发现和归纳不同季节的色彩，了解冷色调和暖色的特点，让学生同时感受生活中的美和艺术中的美。

师：（展示色环图，图3）请学生认识冷色调和暖色调，并分析四季图片中的主色调和色相，将生活中的具象和抽象联系起来，通过感受初步体会色彩的

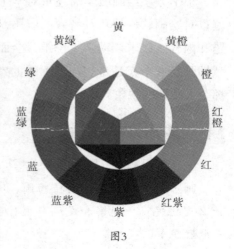

黄
黄绿　　　黄橙
绿　　　　　　橙
蓝绿　　　　　　红橙
蓝　　　　　　　红
蓝紫　　　　红紫
紫

图3

内涵。

学生互相交流喜爱的活动，如春游、放风筝、游泳、种树、摘草莓、滑雪等，让季节由静到动活跃起来。观看一组人们活动的图片，让学生总结对季节的感知。

教师将学生归纳的特点在电子白板上板书，学生也明白了对生活的体验和对美的鉴赏很重要，这对他们走进大自然、热爱生活、发现美、热爱美也是一种激励。

三、开拓视野，创意分工

在师生共同感受季节之美后，如何用美术的形式表现对季节的情感和认知，激发学生创作欲望？可将前面所有为感受美、发现美所做的铺垫，最终落实到创作美的过程上。在美术课堂中，教学内容的难易，是否适合不同层次的学生，能否张扬学生的个性，让学习过程遵循以学生为中心，课堂能否让学生得到思维训练等，都能体现出教师的智慧。

图4

教师在电子白板上写出一个字母，请学生联想，并上讲台修饰字母，添加内容，并可以创设故事，引出插画的概念，学生感受到插画带来的想象力。

教师展示字母插画的图片（图4），让学生的思路进一步拓展，激发头脑中的奇想。

教师趁热打铁，将话题引申到四季的英文单词spring、summer、autumn、winter上来。

教师展示学生曾经的儿童插画作业（图5），引导学生将新旧知识结合起来。

图5

　　如何做到在美术创作过程中以学生为主体，更好地锻炼学生的创造思维，让个性的发挥与团队的智慧相结合，是教师在这节课应重点突破的地方。在前面学生都谈到自己喜欢的季节，在深入探究中有的孩子有所改变。

　　师：生命从春季开始，在夏季盛放，在秋天收获，在冬天回忆，我们将喜欢不同季节的学生按春、夏、秋、冬分成四组，各组设计季节字母插画，看哪组的季节最美。

　　教师和学生一起考虑每个组的人数安排，在尊重学生选择的基础上同时引导学生具有团队精神，创设一个兴趣相同的空间，让学生在和谐、愉悦、民主的氛围中探究。

　　四组学生各自围绕喜欢的季节进行头脑风暴，结合前面对不同季节的景色、色彩、活动等方面进行探讨，并讨论可以利用Photoshop软件中哪些工具，根据以上知识点进行字母插画的创意。（教师作为学习的帮助者，关注各组学生活动状态。）

　　（播放背景音乐）各合作小组成员根据兴趣和绘画基础自由选择对应季节中的一个字母进行数字插画设计，对无人选择的字母在组内协调，充分发挥团队的智慧完成任务，并在创作过程中共同解决彼此的学习困难，在共同探讨方法和规律上发挥个体和团队的力量。

　　学生在字母插画创作过程中，将生活经验和美术知识巧妙地融合，思维得到发散，既有个性发挥，又将团队的智慧在各自的作品中得以体现，将四季表现得趣味盎然（图6）。

图6

四、欣赏交流，共同提高

　　组长与本组同学一起将本组分工创作的作业按spring、summer、autumn、winter拼成单词插画上传网站进行展示。

　　师：同学们，你们心中的春夏秋冬展现在我们面前，我们可以用怎样的语言来描述我们的画呢？

　　学生认真欣赏每个合作小组创作的字母插画（图7），从四季的景色、色彩、活动及创意表现进行分析评价，评出最美丽的季节。（学生逐步学会用美术语言和艺术观念表达自己的思想和情感，达到了提高审美能力和艺术素养的目的，并在创作过程中感受到合作学习的成效。）

图7

师：同学们创作的作品，让我们在这么短的时间内就收获自然之美和艺术之美，相信大家还有很多思考和体会，请在电脑绘画网站字母插画作品的评论栏目写出本课学习的收获与不足，对学习过程、方法、效果等进行反思，并请各组根据学习评价表对本组同学的表现进行科学评价。

课后教师打印学生作品进行展示。

小学数字绘画对学生既有电脑操作要术，又有美术知识的要求，同时对学生学习活动中的讨论、展示、欣赏、动手、评价等各方面都有较高的要求，所以在作业难度和时间安排上都要顾及学生个体的差异，学生自主选择以及表现某个知识点时，可以根据个人认知水平和能力进行创作，同时借助团队的智慧完善作品。

课后反思

《美丽的季节》字母插画一课，以感受、欣赏、发现、合作、创造为主线，力图打造一个聚集合作团队智慧的思维型课堂，将信息技术与美术跨学科整合，并通过网络环境进行成果展示与分享。

教学设计引导学生从熟悉的生活现象和感受出发，将四季的自然景色引向人们活动，将自然中的色彩引入艺术中的色彩，从教师抛出问题，到学生发现问题并解决问题，从学生个体活动到小组合作学习，由合作团队根据自愿的原则和难易程度选择适合自己的学习任务，并发挥集体智慧解决小组之间个体差异问题，整个课堂活动在和谐愉悦的氛围中进行。四个团队的创意较好地体现了以思维训练与跨学科有效整合的教学目标。

让艺术走进生活，个性发展与团队意识结合，信息技术与美术课程整合，让我看到课堂充满活力，学生的无限创意与潜力。

三 专家点评

电脑绘图与课程整合的创新案例分析
——兼评Beautiful Seasons字母插画课堂教学
郑娟　江丰光

Beautiful Seasons字母插画课堂顺应了新课标对学生能力和发展的新要求，将学生的创新能力的培养和创新思维的发展放在首位，以基于问题和任务的教学方式将信息技术与艺术很好地融合在一起，提高了学生的信息素养，发展了学生的语言文字智能、视觉空间智能、人际交往智能、自然观察智能等多元智能，开发了学生的无限潜能。

一、提高学生信息素养和信息技术能力

"信息素养（Information Literacy）"的本质是全球信息化需要人们具备的一种基本能力，是一种综合能力。它涉及各方面的知识，是一个特殊的、涵盖面很宽的能力，它包含人文的、技术的、经济的、法律的诸多因素，和许多学科有着紧密的联系。其重点是内容、传播、分析，包括信息检索以及评价。在林建庚老师的课堂上，从设计到制作字母插画，学生需要收集大量的素材和信息，并对这些素材进行加工。在此过程中，学生的信息素养得到了很大的提升，对素材的筛选和鉴别、对信息的总结和归纳都是学生隐性的信息素养的显性表现。

信息素养是一种搜集、评估和利用信息的知识结构，而信息技术则是一种工具。为了完成字母插画设计，学生需要使用Photoshop等信息技术工具，在动手绘画、操作软件过程中，信息技术能力得到了一定的培养和提高。

二、启发学生的创新思维，提升创造力

美国心理学家斯滕伯格"创造力三维模型理论"将创造力分为与创造力有关的智力维、方式维、人格特质。创新思维是智力维的体现，林老师的这

节课从智力维的角度培养了学生"经验关联型智力"和"外部关联型智力"。

首先，引导学生将26个字母与春夏秋冬四季联系起来，充分地发掘了学生对四季的经验认识，将这种认识带入字母动画的创作中，开发了学生与经验相关的智力，即"经验关联智力"。其次，不管是引导启发学生还是给学生分配任务，在整个课堂中利用精美的图片和优美的音乐营造了很好的艺术环境，学生在这个情境中与外部关联，发散思维，开发智力。

三、培养学生对美的感受与鉴赏能力

从四季的色彩与景色到字母的形状与故事，从教师的语言文字到图片音乐等教学资源，学生一直沉浸在感受美、发现美的过程中，从创设的情境到深入探究再到创意分工，学生一直沉浸在林老师所营造的艺术氛围中，在其中去发现美、感受美、鉴赏美。而同时，绘画能够让学生敞开心灵，使他们在绘画中舒展内在的想象和情感，通过绘画把自己对周围事物的认识表达出来，从而培养自身审美情趣和修养。

四、体现出基于任务的协作学习

协作学习（Collaborative Learning）是培养学生的团队合作精神必不可少的学习方式。它是一种通过小组或团队的形式组织学生进行学习的策略。小组协作活动中的个体（学生）可以将其在学习过程中探索、发现的信息和学习材料与小组中的其他成员共享，甚至可以同其他组或全班同学共享。在林老师的课堂中，学生首先是在小组之间协作完成制作字母插画的任务，其次是在最后的欣赏交流中充分锻炼团队协作能力。

五、突出师生间的创作分享，学习表达

语言文字的表达能力不仅是学生必须掌握的一项基本技能，同时也是他们和这个世界对话、表达自己的观点和情感的好方式。林老师通过与学生多次对话，让他们逐步学会用美术语言和艺术观念表达自己的思想和情感。这种让学生去分享、去表达的方式，提高了他们的语言表达能力。

六、电脑绘图与课程整合让学习更活泼

综观整个课堂，我们发现了学生的积极性和老师的热情，也看到了老师与学生的多次对话，更是看到了轻松活泼的学习方式。是学生对技术的好奇心，也是绘图课程的艺术魅力，更是这两者的结合，让整个课堂活泼起来。由此，我们看到了电脑绘图与课程整合、信息技术与课程整合的魅力。

七、注重多元智能，培养孩子无限潜能

多元智力理论是由美国著名的心理学家加德纳提出的，他指出人类的智

能是多元而非单一的。多元智力主要由语言文字智能、数学逻辑智能、视觉空间智能、身体运动智能、音乐旋律智能、人际交往智能、自我认知智能、自然观察智能八项组成。在传统的课堂教学中，教师往往控制课堂，进行"满堂灌"，极大地剥夺了学生参与的主动性。同时，单一的课堂教学内容和教学目标也使得教学形式单一，只能培养学生某一方面的知识和能力，没有充分考虑到学生的多元智力。然而，随着教育和心理学的不断发展，在教学活动中充分挖掘学生的多元智力，培养和发展他们多方面的能力已经是不可阻挡的趋势，林老师的课堂正是顺应了这个趋势。

文字智能，通过色彩像素图、色环图开发学生的视觉空间智能，通过优美的背景音乐孕育学生的音乐旋律智能，通过协作学习去培养学生的人际交往智能，通过观察四季的特点等去开发学生的自我自然观察智能等。

总之，Beautiful Seasons字母插画课堂采用跨学科的方式，将信息技术课与绘画课融合，极大地丰富了课堂，让教学更生动、学习更有趣，提高了学生的学习积极性。传统的信息技术与课程整合的优秀案例中，我们更多看到的是语文、数学、英语、科学等与信息技术的整合，而林老师的电脑绘画与信息技术的课程整合，让我们看到了信息技术与课程整合的无限可能，更多的信息技术与课程整合的契机等着我们去发现。

（转载《中国信息技术教育》杂志）

探索小学数字绘画学科融合新型课堂

——《圣诞party》圣诞装饰设计教学漫谈

余婷婷

数字绘画是在传统绘画基础上发展起来的一门新兴绘画艺术，其应用领域广泛，但是数字绘画的研究最多只有三十年的历史，而运用到我国的美术教育实践中也就是近几年的事情。虽然时间尚短，但无论如何这种新媒介已经进入了美术教育领域并显示了强大的生命力。数字绘画通过虚拟艺术为美术课堂提供了更便捷的方式。数字绘画在语言技法和形式上有着自身的特点，是一种新的艺术形式，不但能为传统美术课堂解决难题，其具有的旺盛的艺术生命力还能给传统的美术教育带来新的活力。数字教学是未来美术教学的发展方向。

教学基本过程与方法

一、创设情境，激发兴趣

以大家都熟悉并喜欢的小黄人庆祝圣诞节的视频导入，激发学生的兴趣（图1）。

师：同学们，小黄人在庆祝什么节日？

师：大家喜欢不喜欢圣诞节呢？为什么？（学生积极回答，进入主题）

图1

那在圣诞节这个欢乐的节日里我们怎么互相问候呢？Christmas会不会拼？我们一起来。

（教师PPT展示Christmas的拼写）

融合之美——基于学科建设有效性的探索

第一辑

回忆Christmas的拼写方法，巩固学生的知识系统。

师： 大家都那么喜欢圣诞节，老师要考考大家对圣诞节知识的了解，下面我们进入抢答环节！（学生兴趣持续高涨，集中精力，进行抢答）

展示PPT：

（1）圣诞节是每年的几月几号？

（2）圣诞节是哪个宗教发起的节日？

（3）给圣诞老人拉车的动物是什么？

（4）圣诞树主要是用什么树？

（5）圣诞节在西方家庭的餐桌上必不可少的一道菜是什么？

教师以游戏的形式引导学生学习圣诞的相关知识。

师： 圣诞节快到了，让我们一起来举办一个圣诞派对吧！

我们需要准备什么呢？你能想到哪些和圣诞有关的东西呢？先请学生自己说一说，然后展示与圣诞节相关的物品，展示的同时，学生说出物品名称，以加深印象。

举办圣诞派对是一项大工程，需要我们全班同学齐心协力来合作，现在我们分为四个组，分别是雪人组、圣诞树组、圣诞蛋糕组、圣诞袜组（图2）。

| 雪人 | 圣诞树 | 圣诞蛋糕 | 圣诞袜 |

图2

师： 自由分组，并用两分钟的时间和你的组员讨论如何添加装饰。教师在黑板上画出基本型（图3），然后由各组成员完成黑板上的基本型接龙，每个组员只能添加一个元素。

图3

添加完造型我们还有一个重要的步骤，那就是涂色（图4），可以运用到我们美术上常用的元素：点、线、点线结合、面。让学生感受点、线、面的美感。

可以这样涂色

图4

二、头脑风暴，分工合作

学生打开以自己小组命名的文件夹，查找相关图片资料，从构图、线条、色彩、想象力等几个方面欣赏作品，然后在文件夹中找出基本型，开始作画。（播放圣诞歌曲）教师指导，同时，屏幕滚动播放学生作画过程。

三、欣赏交流，共同提高

生：提交作品到主机，管理员负责收作业（图5）。教师在每组中随机选择一些作品，先请作者说明自己的设计意图，再请学生评价，最后教师进行总结。

图5

四、观点交流，升华提高

圣诞节是西方的传统节日，我们中国也有属于自己的节日（图6）。（PPT展示中国传统节日）对于现在中国很流行过洋节这件事情，你是怎么看的呢？

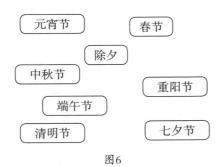

图6

学生畅所欲言，表达自己的观点。最后教师总结：我国流行过"洋节"，证明我国的文化在不断与时俱进，不断地吸收、融合、多元发展，但是传统的东西不能丢，要靠我们大家共同去传承、发扬。鲁迅先生曾说过，民族的才是世界的！

课后反思

《圣诞party》这节课，不再局限于传统的美术课堂或数字绘画课堂，而

融合之美——基于学科建设有效性的探索

第一辑

是利用现代教学设备的便利，让学生在短短40分钟时间内融合学科知识，提升自己的综合素质。

教学设计结合即将到来的圣诞节，应时应景，以学生喜欢的卡通形象小黄人载歌载舞视频导入，激发了学生的学习热情和兴趣，可以说是一个很好的热身环节，同时引出主题，简单高效。分组创作则是训练孩子们的合作精神，以圣诞节常见的物品入手，将其分为雪人、圣诞树、圣诞蛋糕、圣诞袜四组，让学生在规定时间内上台接龙画其实就是一个头脑风暴的过程，在短短的2分钟内孩子们的思维被激发，有了很多设计想法。

课程的结尾提出社会热点话题，让学生大胆表达自己的观点，最后教师总结融入了情感、态度、价值观的正向引导，向学生传递了正能量。

数字绘画与学科多元整合的思考
——《快乐的运动会》课堂教学浅析

陈　苗

本节的主要内容是结合深圳版《信息技术》六年级上册教材第一单元，进行立体文字动画的制作。学生以前学过画图，这个学期学习COOL 3D了，掌握COOL 3D软件的操作基础，将绘画和动画结合，直观生动，有利于激发学生的学习热情；将数字绘画与学科多元整合，体现课堂教与学的转变。

教学基本过程与方法

一、欣赏运动会精彩画面，进行观察与思考

师：同学们，在上周我们学校举行了第14届运动会，大家开心吗？现在让我们来重温一下运动会的精彩瞬间：隆重的开幕式、运动员风采、领奖啦、开心时刻、花絮（图1）。

图1

生：重温运动会，进行观察和思考。

师：出示任务卡：制作立体文字动画（明确教学目标）。

二、简笔画示范

（1）运用Windows画图软件画一画运动会的精彩画面。

师：以跑步为例，用木头人模型摆出动作（图2），让学生直观了解人物

运动动作。

请学生摆出其他造型。

图2

（2）打开画图，图像属性建议设置为800像素×600像素，画出运动人物的简笔画（图3）。

请学生当小老师进行示范。

运动人物

图3

（3）添加色彩和场景。（图4）

图4

（4）保存格式：*. jpg或*. Bmp（提示，Windows7系统下默认保存格式是*. png，保存时要更改）。

三、将绘画和动画结合，制作文字动画

（1）打开COOL 3D，找到COOL 3D工作室的"背景"图标，单击属性工具栏，将画好的"运动会"作为画面背景。（请学生来操作示范）

（2）输入标题文字"快乐的运动会"，制作立体文字动画。

学生可以自选与运动有关的标题，如"我运动我健康""我参与我快乐""生命在于运动"……

（3）调整色彩、构图。

注意字体大小、色彩要和背景要融合

四、合作与操作，作品展示评价

（1）学生自主操作，设计作品。（播放轻松的背景音乐）老师巡视课堂，辅导帮助。

（2）演示作业，学生互评，老师点评（图5）：哪个作品比较有创意？运用了什么动画效果？

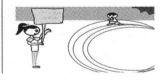

图5

五、小结与拓展，归纳总结，欣赏，思考

（一）课堂小结（教师小结）

本节任务：综合运用画图与COOL 3D，制作立体文字动画。

（1）画一画：快乐的运动会。

要求：人物和场景，800像素×600像素，保存格式为*. jpg或*. bmp。

（2）用COOL 3D加上立体文字动画：导入背景图片（属性工具栏）；

添加文字标题（光线和色彩、动画效果）；创建 gif 动画（注意去掉透明背景）。

（二）拓展思维

欣赏作品，拓宽思路（图6）。让学生思考，运用这种方法还可以制作哪些作品（如电子小报、电影片头等）。

图6

课后反思

这节数字绘画课让我们看到了一场运动会给学生带来的后续体验。学生学以致用，将绘画和动画结合，运用画图软件和COOL 3D软件，充分发挥数字绘画的优势，设计立体文字动画。尝试改变以往的教学方式，在素材准备（如引入部分学生喜欢的运动会，展示大量学生的照片素材）、情感调动（让学生学会观察参与，热爱运动，热爱生活）、任务驱动（将运动会瞬间用数字绘画形式表现出来）等方面，都做了深入的思考，老师和学生之间亲密互动，体现了良好的课堂效果。

本节课还可做以下改进：

（1）可以课堂小组为单位进行合作学习。例如，按内容分组，可以将学生分为田赛组和径赛组，分工合作，用校园新闻片头引入课题。在将绘画和动画进行结合时，要分清主次。

（2）在跨学科方面，找亮点突破，如多运用网站（可以在网上进行讨论）、电子白板（示范简笔画）、微视频（将这节课的知识点制作成视频，学生可自主学习）等。

（3）体现多元智能：不同特点的学生（如能说的、能写的、能画的），可以运用不同的表达方式，充分发挥学生的个性和特长，合作完成作品。

（4）多点欣赏、分析、评价，老师引导，以学生为主，让自我发现成长。

没有完美的课堂，将技术与艺术结合，我们需要不断实践与思考，让学生感受数字绘画的乐趣，感受美的生活！

数字绘画与儿童绘本创作实践研究

——《妈妈的样子》课堂教学案例

陈　苗

什么是绘本？绘本指的是以图画为主，以文字为辅，甚至全是图画没有文字的书籍，是儿童容易接受、阅读的图画书。儿童绘本塑造了一个充满奇思妙想的世界，可以帮助孩子提高阅读兴趣，为孩子的想象插上了美丽的翅膀。它点燃了孩子的梦想，吸引着正在成长中的儿童，并感染了成人世界，让成人保持一颗纯真的童心。

本节的主要内容是结合深圳版《信息技术》六年级上册教材：学习使用Flash绘图工具。学生以前学过画图，这个学期学习Flash了，对Flash软件有一定的操作基础。将绘画和动画结合，直观生动，有利于激发学生的学习热情；将儿童绘本和数字绘画相结合，让孩子结合生活并发挥想象，创作属于自己的电子绘本。

教学基本过程与方法

一、播放有关妈妈的照片引入，观察与思考

师： 在上课前，我们先来欣赏一组PPT（学生收集到的妈妈照片，图1）

图1

学生欣赏，观察和思考。

师：你觉得妈妈有哪些可爱的地方？

生：善良、美丽、勤劳、能干……

师：你觉得妈妈有什么"讨厌"的地方？

生：发脾气、有点啰唆、冤枉我……

二、写一写：你希望妈妈是什么样子的

让学生分小组讨论，并在书本上写一写自己希望妈妈是什么样子的（图2）。

图2

三、欣赏绘本《妈妈的样子》

让学生分角色朗读绘本《妈妈的样子》。

四、分析《妈妈的样子》绘本特点

（1）风格：想象、夸张、幽默。

（2）色彩选择：红与绿对比等。

（3）主旨：让孩子认识到父母的不易，珍惜父母的爱，并学会表达。

五、构思创作绘本

（1）工具运用：Flash绘画和帧动画；

（2）制作要求：①可以模仿、改编；②可以小组分工，也可以独立完成。

学生自主操作，以小组单位讨论设计作品。（播放轻松的背景音乐）老师巡视课堂，辅导帮助。

六、作品展示，欣赏和评价

演示作业，学生互评，老师点评（图5）。

评选：（1）最有想象力作品；

（2）最佳绘本作品；

（3）最温暖作品。

图5

七、小结与拓展，总结与思考

母亲节快到了，我们能为妈妈做什么呢？
谨以此绘本送给亲爱的妈妈（图6）！

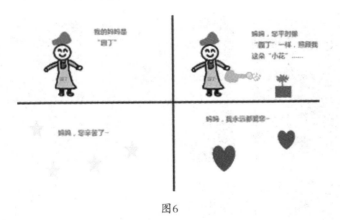

图6

课后反思

（1）结合即将来临的母亲节，进行爱的教育，学生很感兴趣。从欣赏、思考到绘画创作，回忆和妈妈的生活点滴，学生的创意很多。

（2）学生的想象和表现手法不够大胆，尤其是在构图方面，还需多加引导。

（3）后来在不同年级运用画图软件尝试，效果也不错，画面效果更强；Flash的优点是动画有动感的呈现方式。

融合之美——基于学科建设有效性的探索　第一辑

附录：绘本《妈妈的样子》

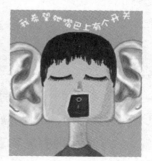

数字绘画故事创作与表演艺术的融合

——绘本《小雪人的旅行》教学案例

林建庚

数字绘画综合了艺术、文学、信息技术等多领域知识，它的综合性决定了教学设计的多元化，课堂教学也越来越注重培养学生的多元智能，让学生能够全面发展。《小雪人的旅行》一课，以熟悉的题材作为教学资源，引导学生思维拓展与创新，根据实际情况将教学内容分阶段、多课时完成，以小雪人旅行故事为主线，贯穿欣赏、写作、表达、绘画、表演等活动，充分体现合作学习的有效性，让学生多元智能能得到发展。教学设计尝试实现以下三个目标：

（1）培养学生的数字绘画创作技能。

（2）训练学生的语言表达和创作性思维能力。

（3）为学生提供自编自导自演的表演艺术空间。

教学过程

一、欣赏感悟，抒发情感

设计意图：通过欣赏、感悟、思考、表达，让学生走进学习情境，激发学习兴趣，拓宽学生的想象和创造，使绘画美与文字美相互映衬，为后续学习任务进行铺垫。

师：（课件展示图片）同学们，冬天是个特别美的季节，但南方的冬天总是温暖如春，老师只好把对冬天的憧憬画出来放到网络空间，大家愿意看吗？

生：当然愿意！

师：（打开网络空间，展示图片，播放背景音乐）请同学们和老师一起走进不同的雪人世界吧（图1）。

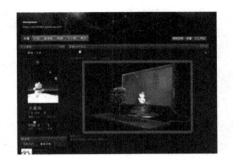

图1

师：老师为每一幅画都配了文字或故事诗歌，如：世界很小，梦想很大。你能用自己的语言描述空间里的画吗？

生1：雪人是用温暖的手做成的，所以它也有一颗温暖的心。

生2：站在世界的顶峰，就能望到花的海洋。

生3：我的舟虽小，但未必不能远航。

生4：如果每一片雪花都是一颗流星，那么有多少雪花，我就要许下多少个愿望。

生5：……

师：同学们诗一般的语言非常动人，同样雪人也有非常动人的故事，说一说，雪人可能来自哪里？

生：来自南极（来自遥远的北方，来自一个寒冷的森林……）

师：大家回答得很好，有哪位同学能讲一个雪人的故事？

生：在一个寒冷的夜晚，小雪人在那儿诞生了，他没有任何人可以依靠。下雨时，它用湿地的蘑菇当雨伞，太阳高照大地时，它用芭蕉树叶当扇子，而下雪时他用雪当棉被。直到有一天，一个小女孩发现了他，便将他带回家。小女孩也是一个孤儿，他们相依为命，住在一个幽暗的山洞里，雪人和女孩有许多动物朋友，从此他们不再孤独。

融合之美——基于学科建设有效性的探索

第一辑

二、文字配图，创设情境

设计意图： 每个孩子都是一个童话，而每个童话无疑都是一个丰富的世界。诗歌是最凝练的语言，童话与诗歌结合在一起，一定会创造出更加神奇的世界。让学生根据图片进行想象，为画配诗，或大胆联想，逐渐丰满故事画面，让学习活动变得生动起来。

师： 同学们的大胆想象仿佛把我们带进了一个神奇的童话世界，让小雪人的形象变得栩栩如生！那么请大家继续尽情发挥，打开网页，在上面写出小雪人的配文或诗歌吧！

学生在网页上写出配文或诗歌。

师： 同学们为小雪人编写了不同的故事，下面我们一起分享一位同学的短文，看看这位同学眼中的雪人到底来自哪里，又将去往何方。

小雪人的旅行

小雪人出生在冰天雪地的南极的一个山洞里，他一出生就在一片白色的世界里。他不喜欢皑皑白雪，他喜欢春天，渴望春天，他常常想象着自己置身于一片花海中，尽情地玩着、笑着。

小雪人一天天长大了，妈妈对他说："孩子，你已经长大了，该出去走走、看看了。但你千万别去有春天的地方，阳光会把你晒化的！"

小雪人收拾行李，准备出发。但他并没有听妈妈的话，而是固执地去了那有春天、有阳光的地方。

……

（路途不是一帆风顺的，请说说会遇上什么人、发生什么事？）

到了啊！这里多么漂亮啊！莺歌燕舞，鸟语花香，应该带妈妈来看看的啊！但是当一缕缕阳光晒在他身上时，他就像蜡烛一般开始融化了。

"好热啊！"小雪人要融化了。

"我不怕！既然我已经实现了我的梦想，我又怕什么呢？"

小雪人在温暖的阳光下，融化了……

学生欣赏故事短文。

师： 最后，小雪人到哪里了呢？

生1： 它变成水蒸气了。

生2： 变成了一朵白云。

生3： 变成了花草树木的养料。

生4：小雪人变成了春天！

师：同学们的回答太精彩了！尤其我特别欣赏最后一位同学的回答，小雪人从找春天，到变成春天，生命并未消失，而是得到升华，在寻找的过程中不断延续自我，同时实现了自己的愿望。

三、提供素材，编写剧本

设计意图：童话故事的取材，往往是现实与想象的结合，班级教学中，每位学生都具有独特的生活经历和思维方式。由学生个体创作素材，再加工为剧本，从自主到合作的学习过程就得以实现，将个性创作融入集体创新，是这一教学环节的主要目的；同时，学生既创作了文字，也创作了童话角色和图画，为课本剧的编写提供了更直观的素材，让学习活动变得更加容易和完善。

师：同学在上一阶段的学习中，写出了雪人的来由，但在实现梦想的过程中，往往会遇到很多困难，请大家继续思考，如果你是小雪人，可能会遇到什么人、发生什么事呢？小雪人又是怎样克服重重困难，完成自己的旅程的？

学生思考、讨论、回答。

师：同学们，我们一起来完成《小雪人的旅行》的故事吧，并将它变成一个课本剧。课本剧需要注意哪些因素呢？它的写作格式又是怎样？

生：课本剧需要有主题、场景、角色、旁白、对话、道具等。

师：同学们说出了课本剧最主要的构成内容，老师也带来了一个课本剧，请同学们欣赏并学习课本剧的编写要点。

生：（浏览）

师：课本剧是故事的生动重现。今天，我希望大家分工完成《小雪人的旅行》课本剧的编写，首先每位同学写出一个小故事，并画出小雪人遇到的人物，编写剧本的同学将其他同学提供的素材融入剧本，形成完整的故事剧本，并自编自演。

学生打开网页，编写故事，并创作人物角色，上传到网站（图2）。

图2

　　小雪人在冻成冰的小河边遇到了一个身着单薄的衣服的女孩，女孩的脸冻得通红，手冻得僵硬，不停地往手里吹气。小女孩被继母逼到河边打水，可水都结冰了，她不知如何是好。小雪人也束手无策，可他想无论如何也要尽自己的一份力，于是他将系在脖子上的围巾递给了小女孩。

——王琳

学生编写课本剧（图3）。

图3

四、自编自演，设计绘本

　　设计意图：由学生自主选出三位写作能力较强的同学（或自荐），根据其他同学提供的文字和角色绘画素材分别创作剧本，并上传到网站供学生浏览；之后选出最受欢迎的剧本，由学生自主选择演员，自导自演，将前面的学习过程和学习任务生动重现，展示学生的才能，并为最后阶段的故事绘本创作做铺垫。

　　师：同学们，经过上阶段紧张的创作、合作与评选，《小雪人的旅行》课本剧终于完成了编导，下面请欣赏表演！

　　生：（表演课本剧，图4）

图4

师：同学们的表演精彩再现了小雪人的旅行，也体现出大家不同的才能，老师最后还想请同学将这精彩的表演创作成故事绘本，让更多的人去发现雪人的勇敢、智慧和美！

学生利用前面课本剧表演内容和角色进行绘本创作（图5）。

图5

五、欣赏表达，鼓励创新

设计意图：在本课教学的最后一个环节，学习重点落实到绘本的创作与创新上。故事绘本，是一种以画说话的艺术形式，将故事创作与表现技法结合，才有可能完美呈现一个优秀的作品。教师不但要表扬完成课堂作业的学生与作品，更应该鼓励那些个性张扬、有独特思维的学生，让学生多关注生活，发现生活的意义，并用绘本这一艺术形式表现出来，给人更多的启迪。

师：在小雪人一课中，通过欣赏、表达、写作、绘画、表演、创作等一系列学习活动，每位同学不同方面的才能都得到展现和提高，也体现了合作学习的重要性。尤为可贵的是，有不少同学独具创意、勇于创新，赋予了小雪人新的内涵和生命，如陈祉昕同学创作的故事绘本，内容完整，并能结合现实问题，讲述一个崭新的故事，这一点值得老师和所有同学学习。希望未来的课堂中，能有更多创意飞扬的表现。

师：同学们为老师的小雪人写了很多诗和故事，为了感谢同学的优秀表现，老师也为同学们的诗配了两幅画，请大家说说诗和画给你的感受（图6）。

最美的风景有阳光

唯美梦想

图6

最美的风景有阳光

黄敏健

天空如此广阔

我怎会限制在这小小的地方

明月在天空闪亮

小雪人却向着太阳

越走越远，不惧夜的寒冷

尽情感受沿途的快乐

但最美的风景却在太阳底下

接近太阳，雪在融化

力不从心，却一点一点坚持

不愿告诉别人自己的痛

生命终将逝去

心情却快乐无比

因为，是走在春光里

唯美梦想

李若男

晶透的水面上

荡着点点星光

纸造的小船上

有最美的雪人

她有着水灵灵的眼睛

雪白的小手正在划桨

她要去哪儿

或许

要去谜一样的地方

那里有着最清香的薄荷绿

美丽的荷叶在那唯美生长

摇曳着青春的梦

驾着理想之舟

去寻找向往的甜蜜

生1： 我从画中看到阳光，看到小雪人的旅行不孤单。

生2： 我们学会了，只有坚持，才可能实现自己的目标。

生3： 诗歌和绘画都能带给我心灵美的享受。

生4： 其实我们身边很多平凡的小事都是很美的绘画题材，要注意观察生活。

师： 同学们，小雪人只是很多有美好追求的人的象征，只要有梦想，未来就有希望。让我们一起创作更多有魅力的图画吧！

六、结语

《小雪人的旅行》以童话的形式建构课堂教学，将教师预设导向课堂生成，丰富了教学内容，并实现了知识的重构。课堂教学在传递美的氛围中完成，重视人文精神的培养，学生的思维能力、表达能力、写作能力、创新能力和绘画水平都得到很大程度的提高。通过网络、软件工具将绘画与文学有机融合，融童话、诗歌、剧本、绘画为一体，既体现了知识领域的多元化，又实现了教学手段的多元化，同时培养了学生智能的多元发展，也是教师课堂设计思维的多元创新。数字绘画课堂教学涉及课时和学科跨度大的问题，在教学过程中容易出现"断点"，因此在教学实施过程中需要将个别化学习和整体性学习有机结合，充分利用网络环境，为学习创设可以延续的学习环境。本课以师生创作互动形式进行教学，是一种全新的教学尝试，在任务细化、在目标达成等方面还存在一些问题，以后需做更深入的研究。

数字动漫班创作教学有效性的探索

——在"概念车造型设计"的教与学中融入数字绘画

郭小夫

美术教学中少不了美术语言的学习，而"造型要素"便属于美术语言三个重要组成部分之一。本课的主要教学内容是"未来汽车设计"，教学对象是初级中学动漫创作班的30个孩子。说到汽车，它早已成为当今中学生生活中最常见的交通工具，中学生早已对它非常熟悉。在设计绘制上，我确认他们基本上能用简笔画的形式勾勒汽车的外形，因此我可以通过"现代手绘+数字屏绘"的方式，把激发学生的想象力和创造力，掌握未来概念汽车的创意技能和方法作为本次教学的主要目的。

一、创设情境，激发创意

教学过程中，我设计了因社会上某些车辆的不文明行驶而导致的各种交通堵塞、汽车尾气造成的废气污染等场景，学生通过观察视频，切身体会，集思广益，最后将问题集中在"怎么办"上。这个问题激发了学生创作的热情，更为学生"画什么"找到了生活的源泉，使学生的灵感与创意如涓涓细流绵延不绝。

二、通过造型教学，培养学生的各种思维能力

（1）观察能力的培养。汽车最吸引孩子们的地方就是其特别的造型，在设计之初，我为前期设计准备了一个"改装汽车"的活动，以此调动全体学生的思维。除此之处，我还为学生提供了很多玩具和参考设计图，然后要求参与设计的每个学生都要想想关于"变形"的那些事。使学生在拼凑中了解汽车的构造，形成初步的感性认识，提高学生感知事物的能力。

（2）想象力、创造力的培养。在有了初步感性认识的基础上，引导学生

进行大胆合理的想象，把生活中的动物、植物及其他喜欢的事物组合起来，充分发挥青少年爱幻想、联想的天性，用率真稚拙的线条来造型，进行整体布局、细节刻画，表现他们天真烂漫的内心世界。

（3）部分有软件操作基础的小组还可以把最初的纸上整体变形设计用"数位屏"真正实现，用来修正并进一步清楚自己头脑中设想的变形理念。

教学目标

（1）认知目标：了解概念汽车的有关知识（种类、外形特点、用途等）。

（2）技能目标：能用手绘或数码软件中的线条勾画设计出一两种汽车造型。

（3）创意目标：激发学生的想象力和创造力，促使从功能上设计未来汽车造型。

教学重点、难点及解决办法

（1）教学重点：能用不同的几何图形勾画出一至两种汽车。

（2）教学难点：启发学生进行联想和想象，逐步丰富汽车造型的细节和特征。

教具准备

数字教学设备、WACON数码手绘屏、汽车模型、课本。

学具准备

WACON数码手绘板、数码手绘屏、速写本、U盘、课本。

教师课前准备

美术课件，视频资料，模型，迷你车、多功能车、未来概念车、无人车等若干汽车图片资料）

学生课前准备

速写本，课前收集到的一些造型草图（以15组为单位分别剪裁好）。

第一辑

时间分配

第一部分：任务引入。

第二部分：感受分析。

第三部分：语言叙述。

第四部分：评价交流。

教与学的过程

一、课堂导入（启发引导，激发创意，告知学习目的）

1. 任务引入

（1）组织教学，明确要求。

师： 同学们，我们今天来亲手为未来的人类设计最先进的汽车。

（2）提出问题，引入新课。

教师提问：大家几乎天天坐汽车，但是你知道自己家里的汽车是什么汽车吗？世界上还有那么多汽车，那你是否见过"概念车"或"新能源汽车"？

——（文字板书）新式汽车（图1）

> **提问**
>
> ① 什么叫"概念车"
>
> ② 什么叫"新能源汽车"

图1

教师提问：这些车的主体形象有什么特点？

用（简笔画板书）目前市面上的汽车都是由车头、车身和车轮组成的。

教师提问：那未来的新式汽车又会是什么样子的呢？

（3）游戏：改装汽车。

教师提出要求：请大家以固定2人小组为单位成立一个"设计组"，对自己收集到的汽车图形或图片资料进行汽车改装。几分钟后，有请小组组长汇报，说说各自的改装情况。

2. 学生尝试设计开始

（1）不少小组成员的配合非常默契。在设计出理想的造型时，小组成员会用草图的方式记录下来。

（2）有的小组会将自己的设计理念和其他小组分享并展示（例如，第三小组提到"我们设计的概念车只能在'灰色星球'上使用，唯有那个星球上的汽油才能供我们设计的这款新型概念车使用……我们的灵感来源于动画片《数码宝贝》）。

（3）有的小组动作稍微慢了些，不过能看得出，他们是在犹豫，也许因为想得太多。

（4）有的小组比较挑剔，不管怎么摆拼，最终都还是没有确定下最理想的造型。

各小组组长汇报并展示本小组的初步成果。

（展示分享这部分，有2个小组比较有把握，主动展示，介绍了自己的设计设想。其他小组还处于观望阶段，也许还在思考中……）

二、学习比较，要点辅导（理论，构思创意）

（1）师：汽车给我们的生活带来了方便，但有利必有弊（课件演示因汽车引起的交通堵塞、交通意外、环境废气污染……）。你希望看到这些吗？

师：可是我们似乎暂时又离不开这种最常用到的交通工具，那该怎么办？那我们现在就可以对它从造型和功能上进行改进设计。

（2）前期设计活动（汽车造型设计）。

教师提出要求：就让我们充当一回汽车设计师，请各设计组为人类设计一辆或几辆想象中的概念汽车（设计的数量多，可以用简笔画的方式勾勒简易的"小草图"）。我们还可以从哪些方面提高汽车的功能，使它的利大于弊？（如图2）

> ① 作业要求：画一幅自己喜欢的未来的环保汽车（附带设计说明）
> ② 设计理念：环保、节能、减排或安全、舒适、性能

图2

提示：

给第1小组的提示：可以在各自收集来的汽车造型基础上，对人性化功能或色彩方面进行改进（例如，你设计的汽车能在指定的航道飞行，或能在水

中滑行）。

给第3小组的提示：是否可以考虑参考你喜爱的动物、植物以及其他事物的外形进行概念汽车设计？

给第7小组的提示：还可以在设计的汽车草图旁写上功能或特征介绍文字。

各小组动作：

（1）翻阅速写本收集所得。

（2）小组成员商量方案，分享各自的见闻。

小结： 分析设计中遇到的问题。

三、学生练习，教师巡视指导（实践，创作体验，展现创意）

由于动漫班一直都允许自由选择创作方式，因此学生根据教师的要求和提示，大致会出现两种或与两种以上的制作方式：

方式一：直接在速写本上尝试绘制草图。

方式二：利用擅长的绘画软件绘制草图。

方式三：一直埋在网络资料和手稿资料堆里。

教师可做简单的技法步骤介绍（图3）：

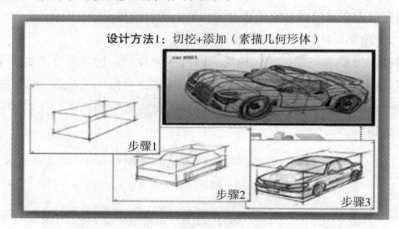

图3

各小组开始作画，教师辅导。

设计过程中，教师也找来一些车辆的原型图给没有灵感的小组，根据这些车辆的零件特征进行"补充设计"。

教师在巡视时就学生出现的问题，通过交流，了解大家的想法，适时提出参考建议；鼓励学生大胆想象，大胆作画，培养学生的耐心和毅力。

四、创作反馈，总结评价

产品展示（投影）——展示自己的设计，请大家来评价，师生就设计进行交流。

学生展示各自创作的作品，自评与他评相结合，鼓励同学们发表各自的见解。

模拟"最炫新型汽车新闻发布会"，进行作品欣赏。

（1）教师扮演会场主持人，主持"新闻发布会"。

各小组逐一展示自己的初步设计，大家一起来说说各自的看法。

第一组："迷你卡丁车"习作现场特点展示，色彩鲜艳，造型可爱、时尚。

第四组："人性化多功能车"习作现场特点展示，比较符合人体工程学，功能多样，用途较广。

第九组："新式未来无人概念车"习作现场特点展示，既美观大方，又小巧轻便，还携带着最先进的机器人智能操控系统。

（2）肯定学生精彩、生动的设计。对可以修改补充的作品，鼓励继续补充改进。设计阶段最大的要求是美观并且保留原始车辆的特征。因此，同学们都尽力发挥自己的想象力和对汽车造型的审美偏好，绘制了下面的手稿（图4和图5）。

图4

图5

在该环节，我们能看到一个人的力量是多么渺小。在互联网的学习环境下，学生可接触到的共享资源的数量远远超出我们的想象。而从他们的创意设想里，我们更看到了更多的好点子。

课后反思

本课的学习是一个有意思的体验。通过让同学们手绘造型并用简单数码绘画软件塑造演示效果，使同学们对自己将要进一步设计的角色有了很好的理解，这大大地缩短了后面真正制作3D汽车模型的时间，使真正的模型和动画制作几乎是一次到位，避免了反复修改。

想到立体模型，尤其是在深圳创客教育领域，3D打印更是成为了"香饽饽"。通过小组合作式、体验式和探究性的学习方式，学生能够轻松掌握如何运用数字绘画软件来表达自己的创意。随着我们动漫班的不断学习，当二维平面造型设计已经满足不了同学们的创作欲时，我们就会向三维设计发展。我们可以和学生一起学习三维设计软件，从而进一步丰富我们的设想，并希望通过3D打印机把创意变成实物展示，以推广我们的造型设计特色教与学。

据有关统计数据显示，在全国汽车电子各主要生产地——北京、上海、苏州、广州、重庆、深圳等城市中，深圳排名第三位。深圳已经名副其实地成为了中国汽车电子产业基地之一。这给了我更大的启发，我们作为美术教师，也许从一开始就陷入了某种固定的思维模式当中，只想着如何去教学生画好一件作品，而没有大胆放手去让学生发挥潜能。光从汽车电子产业的数据来看，我们生活在深圳这个设计之都，就已经享有全国领先的汽车方面的丰富资源。教师只是人群中的一个分子，而30位学生的分量绝对大于一个教师，也就是说成长在互联网时代的学生在接到设计任务时的反应很有可能是截然不同的，他们用数字信息时代的思维模式去思考问题，就会产生很多新鲜的点子，他们一定能在上课前找到比教师更多、更丰富的资源，即使并不完善或者不具有代表性。

具体措施与设想

2015年3月5日，第十二届全国人民代表大会第三次会议上，国家总理李克强在政府工作报告中指出：互联网异军突起，电子商务、物流快递等新业态快速成长，众多"创客"脱颖而出，文化创意产业蓬勃发展。在这样的背景下，无论传统美术课堂还是数字课堂，我们的教学模式更有条件向"开放式"发展。在今天这个互联网时代，我更坚定转变观念是先导。在我们的美术教育中，思想观念起着控制美术教学实践的作用，因此美术教师观念的再更新是实施"开放式"教学模式的前提条件。或许我们的课堂就应该运用"互联网＋"时代的思维：和学生商量好设计流程，安排2节或以上的美术节课走出校园，去问问"客户"有什么意见。

据平时的了解，目前国内存在着教学模式与市场需求脱轨的现象。那么，我们可以思考一下，能否从市场方面去寻找突破口，培养出更适合市场需求的人才，探索出一条"互联网＋学生产品设计"的课堂模式。

人们在欣赏美术作品时往往热衷于对作品绘画技能的赞美，如透视关系、比例结构、明暗调子、线条的流畅和色块的搭配等，以技能来衡量和评价作品的标准已成为惯例。传统美术教育受社会普遍欣赏水平的局限，把美术教育等同于纯粹技能教育，美术教育变身为作坊学徒式的教学，培养出来的只能是画匠。艺术水平高其实不仅在于技法的娴熟和技法的高明，更重要的是艺术能表达感情，使人的创造性冲动得到最大施展。艺术能提高学生的洞察力、理解力、表现力、沟通能力和解决问题的能力，在国家大力推行素质教育的今天，越来越多的教育界有识之士认识到美术教育在提高和完善人的素质方面所具有的重要作用。在美术课上，学生围绕设计任务，进行资料的收集和讨论，可以学到在其他学科领域学不到的知识。艺术教育不仅仅是传统观念上艺术技法的教育，而且是一个开发智力的复杂系统工程。

因此在美术教学中，借助数字技术的快捷性，学生有了更多的创作途径。学生可以通过亲手设计并相互商量，提高空间思维、动手能力和创作力等综合素质，感受创意从想法变为现实的成就感，并能以"小组组织、小组教育、小组学习"的方式迅速获得并巩固所学的知识，体现了"合作学习、混合学习、个性化学习、边教边学"等与创新思维训练相关的教育模式和方法。

我们真切体会到，在当今的美术课堂教学中，教师最主要的任务不是向学生填塞美术知识，而是通过适当的引导激励学生去思考、去感知，开发学生无穷的想象力。未来美术教育发展，不仅需要美术教师具有专业技能，还应具备美学、心理学等人文学科综合素养和能力，并以一种全新的开发思维和想象力的教学思路，依据学生的个性发展采取心理学开放理论和方法去启发引导，激发学生探究事物规律，培养积极敏锐的感受力，这或许正是我们组美术教师现时需要实践的部分。

绘本创作融入课堂

——《自选图形画卡通》教学案例

赵 丹

进入21世纪，绘本阅读已经成了全世界儿童阅读的时尚。绘本以画为主，字少而画面丰富，以画传达故事情节，很适合阅读与想象。好的绘本，每张图像都有丰富的内涵，图与图之间呈现独特的叙事关系，表达绘本的整体意境，能预留给孩子想象的空间，带给孩子美的熏陶和教育，启智，养心，育德。绘本作为图文结合的一种复合文本，栩栩如生的图画是它的亮点。绘本故事不仅可以帮助儿童了解故事情节，学到知识，还可以帮助儿童建构精神世界，培养多元智能。因此，我将绘本引入信息技术课堂进行教学，利用整合计算机、录像、电子投影仪为一体的多媒体技术和现代化教学手段，将绘本化静为动，化枯燥为有趣，让声、光、影、色、字融于一体，利用形象、生动、逼真、直观的方式激发幼儿的阅读兴趣，使儿童的思维活跃，兴趣盎然，有助于发挥儿童学习的主动性、积极性，更好地培养儿童的自主创新能力。

将绘本融入课堂中，成为电脑绘画欣赏的中心，作为情感线贯穿整个教学过程，不仅可以调动学生的兴趣，还可以让学生在欣赏故事的过程中有所思考，有所感悟。信息技术的飞速发展，更是引领课堂，促进课堂转变。在课堂上遵循以教师为主导、以学生为主体的教学原则，采用教师启发、学生思考总结的方式，以绘本故事为情感主线，以生活中的图片、绘本中的图片为起点，将情感与技术融入信息技术课堂。通过续编绘本故事这一任务，亲身感受电脑绘画带来的乐趣，激发创作热情，为日后创作属于自己的电子绘本打下基础。

《自选图形画卡通》一课的教学目标即通过营造欣赏、表达、思考、创作的氛围，以大量的图片、绘本故事为线索，启发学生积极思考，从而进行电脑绘画创作；培养学生参与学习的积极性和主动性，激发其创造个性，提高学生的审美情趣和创新能力，利用电脑来续编绘本故事，实现信息技术跨学科教学。

教学基本过程与方法

一、引入原创绘本《颜色王国的交响曲》

师：在我们的生活中有各种各样的色彩，你们来说一说这些颜色。（从颜色导入，联系生活，发散学生思维）

生1：有绿色的草地、金色的太阳、蓝蓝的大海、白白的云朵、红红的国旗……

生2：我喜欢白色，因为它给人纯净的感觉。

生3：我喜欢绿色，因为它看起来很舒服。

生4：我喜欢红色，因为它很火热。

……

师：我们生活中有这么多色彩，请同学们来看一看这些图片。（看图片）

师：今天，颜色王国的居民们要举行一次派对，请同学们看一下这个故事（图1）。

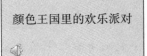

颜色王国里的欢乐派对

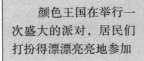

颜色王国在举行一次盛大的派对，居民们打扮得漂漂亮亮地参加

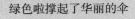

绿色啦撑起了华丽的伞

白色啦的红色帽子无比可爱

灰色啦穿着飘逸的长裙

橙色啦梳着最新式的发型，手里拿着镜子不停地照来照去。

红色啦打扮得格外漂亮

黄色啦扎起了节日的绶带

紫色啦的运动鞋很新潮

| 粉色啦扎起了漂亮的蝴蝶结 | 蓝色啦的晚礼服闪闪发光 | …… |

图1

二、交流讨论，总结卡通特点

师：说到卡通形象，同学们心中都有自己喜欢的，能说一说是什么吗？它有什么特征呢？（引导学生想象卡通形象的样子，并总结出其形象特点，包括造型、颜色、赋予的情感等，如图2）

师：MM巧克力豆也有自己的形象，我们来认识它们，它们各自有什么样的造型呢？你最喜欢哪种造型？同学们分析了不同的卡通人物有不同的造型，男生与女生的造型也各不相同。如果你去参加派对，会怎样装扮自己呢？（以MM巧克力豆为例，引导学生对卡通形象有初步的认识，从而为下一步的卡通创作打下基础）

卡通形象特点 { 可爱 幽默 形象简洁 色彩鲜艳 夸张 拟人 变形

图2

图3

三、出示任务，引发思考——颜色王国的一封来信

师：颜色王国的居民们给同学们带来了一封信，一起来看看信中的内容（图4）。

亲爱的同学们：

我们颜色王国要举行盛大的派对，请为我们居民设计卡通形象。这次卡通形象设计的秘密武器是——自选图形。

——颜色王国居民

图4

四、分解步骤，引起思考

师：我们来看一看自选图形（图5）的神奇力量，请大家仔细观察。自选图形绘出的是什么？图中有哪些自选图形？

图5

五、拼图小游戏

师：老师这里有一些自选图形，请同学上台看看这些自选图形能拼出什么。

学生移动自选图形，摆放自选图形的位置和顺序拼装。

六、任务要求

师：请为一位颜色王国的居民设计一种卡通形象，为你设计的角色配上文字（图6）。

> **任务要求：**
> （1）为一位颜色王国的居民设计一种卡通形象。
> （2）为你设计的角色配上文字。
>
> 使用软件：PPT自选图形

图6

七、学生作品展示

阳光活力小组的作品展示（图7）：

颜色王国要举行一次盛大的派对，居民们打扮得漂漂亮亮地参加

白色啦哼着歌曲

灰色啦的红色帽子无比可爱

黄色啦的长裙格外美丽

黄色啦吹着长号

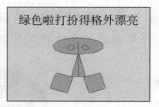
绿色啦打扮得格外漂亮

紫色啦穿着时髦的靴子

粉色啦梳着可爱的小辫子

图7

太阳花小组作品展示（图8）：

颜色王国要举行一次盛大的派对，居民们打扮得漂漂亮亮地参加

蓝色啦扎着大红的蝴蝶结格外美丽。

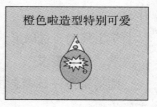
橙色啦造型特别可爱

绿色啦的造型格外新颖

粉色啦扎着可爱的蝴蝶结

橙色啦扮成机器人的模样

图8

学生以小组为单位，每个人设计的卡通形象作品都放在一个PPT中，配上音乐展示，每个小组最终制作出一个绘本故事。

课后反思

信息技术教学容易陷入重技术轻运用、重技能轻情感的误区。大家常常认为，育人活动只能存在于语文课、思品课、主题队会等课堂上，实际上育人活动应该存在于各学科教学中，三维目标中的情感态度与价值观目标的意义同知识与技能意义同等重要。

　　在这堂信息课中，从"欣赏""表达""思考""创作"四方面融入课堂。先让学生自己说，发现生活中无处不在的色彩，再引入绘本，绘本故事中只两页有图，其他都是文字，需要学生自己想象来配上图，这样的方式给学生足够的平台和想象的空间去设计，最终以小组创作绘本的形式来自我提升和相互学习。

儿童绘本融情与美

——《失落的一角故事续编》教学案例

赵 丹

《失落的一角故事续编》一课的教学目标即运用大量的图片、绘本故事启发学生积极思考，主动进行电脑绘画创作，同时，通过信息技术的手段和技巧来续编绘本故事，实现信息技术与美术的跨学科教学整合。

教学基本过程与方法

一、欣赏绘本，激发阅读兴趣

师：老师了解到我们班的同学有一个非常好的习惯，你们自己知道是什么吗？（用亲切的语言拉近和学生之间的距离，用鼓励的话语吸引学生的注意）我们班的同学都热爱阅读。老师今天带来了一些图片，哪些是你熟悉的？（通过PPT展示绘本中的图片，图1）

学生根据图片，猜一猜是哪本书。

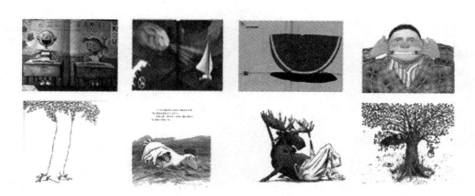

图1

二、观察图片，总结绘本特点

师： 刚才大家看到，这些都是经典绘本，建议大家去读一读，一定会收获很多。绘本不同于其他的书籍，它以图片为主，附有少量的文字，作者用图画的形式来表达故事情节。这些绘本有什么特点呢？

生1： 它里面的图有的是彩色的，有的是黑白的。

生2： 绘本里的图形有的是线条勾勒，有的是油墨的效果。

生3： 我发现，绘本插画的风格各有不同。有的是黑白的，有的像是用蜡笔画出来的，有的像是毛笔画出来的。

三、欣赏视频，感受电脑绘画创作

欣赏《蒙娜丽莎》电脑绘画视频（图2）。

图2

师： 看了这段电脑绘画视频，你们有什么感受？

生1： 震撼。

生2： 电脑绘画画得很逼真。

师： 你们能说出它的创作过程吗？

生1： 我感觉它是先用点定出人物的轮廓，然后用线条勾勒，最后上色。

师： 观察得很仔细，这段绘画主要是线条勾勒，然后加上颜色。

四、视觉大发现——图片中包含哪些线条

师： 刚才同学们看到了一段电脑绘画，先勾勒出人物的线条，再添加色彩、处理细节。其实，在生活中的线条无处不在。以下图片由哪些线条组成？（图3）（请学生上台绘画）

图3

五、图说感受——不同的线条带来的感受

师：下面的图片给你带来什么感受（图4）？

图4

生1： 第一幅图是水平线，给人以开阔的感觉。

生2： 第二幅图是直线，给人以空间感。

生3： 第三幅图是曲线，让人感觉很优美。

生4： 第四幅图是螺旋线，充满动感。

六、看图说话——激发想象

师：从这幅图中（图5），同学们看到了什么？可以用比喻、拟人等方法，从表情、心情、场景等方面来描述你看到的，可以是一句话，也可以是一个小故事。（激发学生想象，开拓思维，为下一步的创作铺垫）

生1： 我看到了一个小豆豆，正在张着嘴巴唱歌。

生2： 我看到了一个圆缺了一角，仰望星空。

生3： 我看到了它正在海里快乐地游着。

生4： 这幅画让我想到了一张嘴巴张开唱歌。

生5： 我看到了一个可爱的圆在寻找着什么。

图5

师：同学们的想象力非常丰富，每个人看到的都不一样，真好。它的名字叫"失落的一角"。让我们一起来聆听它的故事，感受它的内心。

七、欣赏《失落的一角》绘本故事，分享感受

《失落的一角》绘本故事如图6。

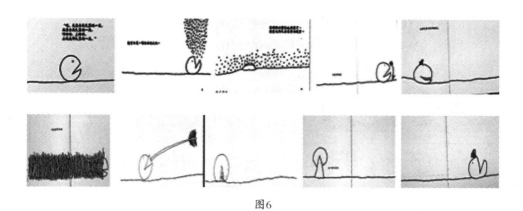

图6

八、《失落的一角，我想对你说》电脑绘画主题故事续编（学生部分作品展示）

（运用多媒体，利用优美的钢琴曲背景音乐、图文并茂自动播放的PPT，增强故事的感染力和吸引力，引发同学们对故事的理解与思考，从而形成自己的想法，为进一步的自主创作绘画打下基础。）

生1：就是这样一个圆，它创造了生命的奇迹；它懂得了，人的生命不可能十全十美。如果过于完美，那么最终还是个失败者。

生2：这个故事告诉我们，人如果要活得精彩，就需要不断寻找目标……快乐就是去实现这个目标。

生3：如果你过于强大，就会无一目标、无一对手，使人感觉与你隔着一层无法摸透的薄雾，从而给人一种"高处不胜寒"的感觉……

生4：这让我想起了"独孤求败"。虽然无人能与他为敌，但他的内心却十分悲凉，因为没有一个对手，没有一个目标，因此变得十分悲观。

生5：我们要知道"不要求完美，只要求更美"的道理。而这追求与努力的过程，恰恰就是"圆"你的目标，甚至梦想的过程。

生6：有时候缺了一角也不是什么坏事，可以在沿途中慢慢滚动，与虫儿说话、闻花儿的香味，这是多么美妙的事情。

九、自主思考，同伴交流

师：同学们，你认为失落了一角的圆在继续前行的路途中会遇到什么呢？它找到失落的一角了吗？如果找到了，会是怎样的一角？如果没找到，接下来又会发生什么样的故事呢？续编这个故事，也可以画出对它说的话……

（在这个环节中，老师给学生一两分钟的时间思考要创作什么样子的画，并与同桌进行简单的交流。）

十、课堂作业小结（学生自评、同学互评、教师点评）

让学生说一说自己的创作故事，并说说自己绘画的优点（图7）。

图7

十一、拓展——引导用信息技术将生活中的趣事记录下来

师： 生活中并不缺少美，只要我们有一双善于发现的眼睛和勤劳的双手，将生活中有趣的、难忘的事情用电脑绘画的方式记录下来，就可以永久保存且随时修改。期待同学们的作品。

教学反思

这堂信息课中，先从欣赏图片中发现线条绘画的魅力，再在绘本故事中表达自己的感受，在思考的过程中创作绘画。

同学们课堂上有精彩的表现，他们大胆思考、大胆发现、大胆表达、大胆创作。特别是在谈绘本的感受过程中，每个同学们思考的角度都不同，但是绘本传递的正能量却深入到每个同学的心中，同学们呈现的作品更是缤纷多彩、百花齐放，作品背后是他们独特的思想和张扬的个性，是灵动课堂的真实体现。

第二辑

课 堂 实 践

——学科融合打造创新型课堂

数字绘画远程合作学习课堂研究

——《未来海底城》教学架构设计与实施案例

林建庚

地域与经济的差异，导致教育资源分配的不平衡，一些优质课程难以得到共享，因此通过网络和视频进行可视化远程教学显得尤为重要。远程合作学习这一学习方式，无疑可以解决一定程度的教育差别化，对学生主体性形成与发展、合作学习能力培养，以及实现资源共享和平等学习方面很有意义。

《未来海底城》一课设计，是通过视频会议系统和学习网站，实现远程在线课堂教学的一次尝试，研究不同地区、不同环境文化的碰撞与交流，在教学方式上探索信息技术与学科融合，以及在线远程合作学习的可行性。本课目标是通过利用视频和网络进行远程合作学习，让学生了解海洋知识和未来海底建筑与交通的可行性，强化开发和保护海洋的综合认识，了解网络和绘画软件在学习中的应用；认识丰富的海洋世界，体会海洋与人的关系；认识海洋的作用，感受海底城市的个性美感；根据教师提供的海洋资料，研究海底城市建设的条件，设计海底城市的交通工具、建筑，并能对设计进行简单评价；学会利用网络进行海底城市作品分享、绘画接龙、绘画故事及评价等。

教学过程设计

课前铺垫，资源共享：

（1）教师在"电脑绘画网络教室"开辟栏目"未来海底城"，设置相关版面：教学资源、主题探讨、作品展示、绘画接龙等。两校学生浏览教师提供的海洋资源网站，进行主题探究，在学习网站进行评价，发贴对海底城市可行性进行分析，进行未来海底城畅想，师生共同浏览学生评论，并对优秀的回贴进行表扬（图1）。

图1

　　（2）课前：两校学生创作《海底历险记》绘画接龙，并上传到网站。
　　（3）两校学生分组完成"海底建筑"和"海底交通工具"主题绘制，将作品上传到绘画网络教室"未来海底城"栏目中的"作品展示"一栏。
　　小结：利用网络平台打破空间与时间的限制，最大化实现资源共享，调动两地学生的情感交流和学习积极性，通过讨论互动、思维碰撞实施远程合作学习。

教学过程

一、组织教学，导入新课

两地师生互相认识、问好（视频会议系统联通深圳、甘肃两校课堂）。

师：（课件展示卫星云图）哪位同学能在电子白板上用红线画出地图上中国的版图（图2）？

图2

生：（上讲台在白板上标出中国版图，两地学生通过视频观看）

师：从图中你发现了哪些内容？

生：土地大范围的沙化，环境被破坏，绿化面积在消退……

师：如果有一天，地球的生存的环境不再适合人类居住，你觉得最有可能迁移的地方是：

        A.火星   B.海洋   C.月球

生：（通过视频共同思考，讨论计划实施的最大可能性，回答教师问题，说明选择理由）我们觉得海洋是最有可能移居的地方，因为根据我们在网站上对海洋知识的学习，以及海洋地理情况和移居成本等多方面研究，认为海洋具有极大的开发空间。

师：同学们的研究很有价值，让我们一起来分析一下中国的版图。（课件展示中国地图，和学生一起了解中国的陆地面积和海洋面积，增加学生对中国国情的了解，引导学生关注社会热点问题）

小结：两校学生融洽感情，创设学习背景，共同关注社会和保护环境。

二、揭示主题，合作学习

师：（请学生欣赏课前绘画故事接龙《海底旅行记》）欧阳颖琳在她的画中写道：入住海底城市绝不会是梦想，梦想真的能成真吗（图3）？

图3

大家在网站中已经讨论过以下问题：

（1）海底可以建城市吗？

（2）你心中的未来海底城市是怎样的？

生：（打开网站，两校学生对未来海底城市进行畅想并分组讨论，说出自己最喜欢的海底构想）

师：在发明家和科学家的眼中，水下城市是怎样的呢？（课件展示全球12座未来水下城市效果图，请学生感受到科幻画带来的巨大想象空间和设计魅力，如图4）

图4

小结：利用专题学习网站进行学习和讨论，欣赏和展望，激发学生对科学的探究欲望，通过两地学生的思维碰撞，为主题研究做好了前期铺垫。

三、创设情境，深入探究

师：要实现移居海底城市这一目标，需要有严谨的实施方案，你觉得首先要做什么？

生：（两校学生通过视频会议系统讨论并回答问题）建造海底交通工具。

师：（课件展示交通工具"蛟龙号"的外形轮廓图）请在电子白板上绘出海底交通工具的结构并说出设计理由（图5）。

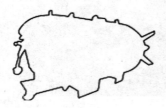

图5

生：在电子白板上画出想象中的结构，并向同学介绍自己的设计理由。

师：展示真实的海底交通工具"蛟龙号"图片（图6），与学生一起观察和分析蛟龙号每个细节的功能，告诉学生科学创造与发明需要细致严谨，同时请学生总结科幻画的创作步骤和基本方法，总结科幻画的三个要素：科学性、想象力、绘画水平。教师在白板上写出学生答案。

图6

（展示课题：未来海底城）

小结：从自主探究，到合作学习，然后教师引导发现，结合主题学习科幻画的创作方法，培养创新思维，在学习中提高发现问题和解决问题的能力。

四、合作创新，共享资源

师：请两校学生分别展示和介绍自己课前网站已上传作品，并相互欣赏和评价（图7）。

图7

　　教师要求两地学生互相修改对方作品，或从云服务器下载学习资源，或浏览专题网站，根据未来海底城畅想科幻短文进行创作，完善作业并上传到合作学习网站（图8）。

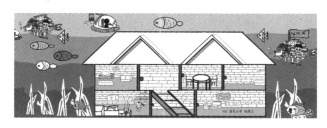

图8

　　深圳学生在西部学生海底建筑作品中画出自己设计的海底交通工具（图9）。

图9

两地学生相互阅读对方科幻短文，根据故事内容进行电脑绘画创作。

小结： 云服务器和云视频的应用，解决了不同地域学习者的困难，使资源共享和知识重构都成为可能，学生的学习兴趣得到提高，学习方式得到创新变革，提高了效率和效果。

五、展示评价，激发情感

师：（打开网页，展示以三维形式创作的学生作品的立体效果图，请学生通过视频进行自评和互评）不要忽略小时候的梦想，只要努力，梦想就有可能实现（图10）。

图10

师：（将学生作品合成未来海底城Flash动画全景图）请看我们两校共建的海底城市，未来海洋等待着你，希望东、西部同学携起手来，共同保护和利用好海洋资源，创造美好的海底世界（图11）！

图11

小结： 远程合作学习通过网络、云空间和云视频得以实现，最大的优势就是调动学生情感，优化教学资源，并在此环境中共同创新和提高，改变了传统的教学方式，实现了跨区域学习，学生在学习中共享资源，共同探究创作和共同提升，开阔了视野，学习成果得到尊重，体现了以人为本的教育理念。

教学评量

《未来海底城》一课设计，是通过视频会议系统和合作学习网站实现不同地域及文化背景下的在线教学尝试，将美术、信息技术和语文习作跨学科有机融合，体现学生小组合作学习和资源共享，以学生为主体，注重学生发展，侧重在信息技术环境下学习的差异性。

教学内容设计融入环境教育，具有科学性、人文性和趣味性，教学过程体现民主、和谐、平等和互动的氛围，能围绕主题和教学重点进行问题探究。学生利用合作学习网站做了大量的课前预习，加深了对海洋的了解，两地学生根据教师提出的问题发贴讨论，写出心中的未来海底畅想习作，充分体现学生的学习自主性；学生通过视频会议系统进行作品展示、互评与合作绘画，实现了课堂平等交流和互动学习，激发了学习兴趣和热情，课堂中的实时评价促进了学生知识与技能水平的提高，使学生得以主动发展；在跨学科整合教学中，生成新的教学资源，激发学生不同层面的能力提升，尊重多元智能的发展。

《未来海底城》的设计以科幻画创作为教学内容，通过合作、探究、展示、评价等一系列活动，改变学生的学习方式，提高其学习能力，同时培养他们的非智力因素，让学生在合作学习过程中共同提升、全面发展。

专家点评

远程合作的电脑绘图创新教学方式
——兼评《未来海底城》绘画教学
蒋亚娜　江丰光

《未来海底城》绘画学习课堂使用远程会议系统和学习网站，为深圳和甘肃两地的学生提供了新的合作与沟通方式。该课顺应了新课标对学生能力发展的要求，着重培养学生的分析、评价能力以及创新思维。课程合理利用课前准备阶段，课中围绕学生作品展开学习，体现了以学习者为中心的思想。将美术课与多学科进行整合，锻炼学生的语言智能、视觉空间智能、人际沟通智能、自我认识智能和自然观察智能等多元智能，为开发学生多元智能做出了很好的尝试。

一、教学设计理念先进，关注偏远地区，体现人文关怀

教育资源的不均衡仍是我国教育现存的问题之一，西部地区的教育资源及教育质量与发达地区相比相对欠缺与落后。我国教育相关部门和工作者都在尝试采用多种方法缩小教育差距，提升落后地区的教学资源配置。林建庚老师借助信息技术手段使得深圳与甘肃两地学生能够利用网站相互交流与合

作，自主学习探究海洋资源网站和分享海底交通工具的作品，为两地学生提供了了解地域文化差异的平台。课堂上的远程视频解决了偏远地区教师缺乏以及两地间教学资源不平衡的问题，学生在分享资源的过程中共同探究、创作和提升，实现了跨区域学习和平等学习。林建庚老师在教学设计过程中关注到了偏远地区教育资源匮乏的问题，将人文关怀渗透到了教学之中。

二、结合学习网站与远程会议系统为两地学生提供实时交流、学习资源共享的平台

数字教育资源全覆盖是教育部"十二五"教育信息化重点任务之首。在中央财政重点扶持之下，任务已经基本达成。过去教育信息化水平发展落后的地区现已经可以通过数字教育卫星接收系统获取教学视频等优质教学资源。在全国教育信息化推进的背景下，林建庚老师通过使用远程会议系统，并结合网络平台共享优质课程与资源，课前让两地学生通过网络平台对海底建筑和海底交通工具进行预习、浏览信息、发表观点，并将作品上传至学习平台供师生浏览；课上则通过远程会议系统进行异地实时交流、讨论与合作，两地学生通过远程会议系统对作品进行自评与他评。这样的技术结合打破了空间的限制，使资源得到了更大的共享，也使两地学生之间通过互动碰撞出思维的火花。

三、教学目标设定层层递进，锻炼学生的认知能力

知识、理解、应用、分析、综合、评价六个等级是按美国教育家B.布鲁姆（B.Bloom）的认知领域教育目标分类划分的，之后随着教育目标的不断发展与优化，在原版本基础上形成了新的六个分类等级——记忆、理解、应用、分析、评价、创造。这六个等级是从最简单的、基本的到复杂的、高级的认知能力逐层递进。它阐明学习目标应反映这一分类系统中所涉及的各种能力水平，不能仅停留在"知道"这一基本的目标上，必须重视培养学习者的智力技能。林建庚老师在课程中首先通过布置预习任务让学生在课前对海资源相关知识进行学习，然后在理解的基础上发表自己对海底城市可行性分析和对未来海底城的畅想，应用所学知识绘制未来海底城图画。课上，教师引领学生探索创造海底城交通工具的科幻画三大要素——科学性、想象力、绘画水平，学生通过观察"蛟龙号"，理解并应用该三大要素与异地学生一起对作品进行评价与修改。随后，两地学生分别借鉴对方的作品，创作出自己的海底交通工具并创编海底城故事发布在资源网站上。从最初学生对海洋资源相关的"认知"与"理解"，到课堂最后学生运用所学知识进行作品"评价"

和"创作"，教学目标层层递进，合理锻炼了学生的多层次认知能力。

四、发挥课前预习作用，为课堂教学顺利开展奠定基础

充分利用课前阶段准备课上所学内容，能使课堂教学过程更加顺利和高效。林老师在课前向学生布置了自学海洋资源相关知识的作业，并通过资源平台让学生对海底城市进行可行性分析讨论，创作《海底历险记》供课堂上使用，以便深入学习。这样的预习使学生对所学知识不再感到陌生，为课堂上的深入学习、发展学生的创造思维和创新能力奠定了基础，留出了时间，让课堂变得更加高效。

五、师生、生生相互沟通与合作，学习共同体优势得以发挥

学习共同体（Learning Community）是由学习者和教师共同组成的，以完成共同的学习任务为载体，以促进成员全面成长为目的，强调在学习过程中以相互作用式的学习观作指导，通过人际沟通、交流和分享各种学习资源而相互影响、相互促进的基层学习集体。在本课中，师生、生生之间的合作让学习共同体的优势得以发挥。课前，林老师与两地学生进行海底城市可行性分析的讨论，鼓励学生多发言。课上林老师引导学生自主探究、发现和创作作品，并最终将学生作品制作成未来海底城Flash动画全景图，师生之间在沟通与合作方面表现得非常顺畅。在生生合作方面，两地学生在网站上进行讨论并以接龙绘画的方式合作创作《海底历险记》绘画，课上通过远程会议系统实时交流，相互讨论、点评作品，还会在彼此作品的基础上进一步创作。这样的合作方式让两地学生收获了来自同学的鼓励与修正，使作品资源得到了最大化的共享，锻炼了学生的沟通与合作能力。

六、围绕学生作品开展教学，凸显学生主体地位，尊重学生的个体差异

以教师为主导、以学生为主体的教学模式有利于引导学生积极思考，激发学生的学习兴趣，提高学习效率。学生上课时能积极参与和自主活动，这尊重了学生的个体差异，最大限度地发挥了他们的主观能动性。纵观整个课堂，林老师的教学基本围绕着学生的作品展开教学。首先，课前将学生接龙合作创作绘画中的一幅画面用于揭示课堂的主题，供两地学生讨论海底交通工具的设计要点。其次，学生间相互欣赏课前创作作品并进行点评交流，再在此基础上进行修改和二次创作。再次，教师将全部学生的作品整理成动画全景图作为课堂的收尾。整个教学过程尊重了学生的个性化创作，为每位学生提供了展示作品、分享作品的契机，将学生的主体地位体现得淋漓尽致。

七、跨学科整合，培养学生多元智能

跨学科学习是由汉弗莱（Humphreys）提出的。学生可以广泛探索与生活情境相关的不同科目的知识，如人文、自然、音乐、美术、交流技巧等，在多学科领域的学习中，使技能和知识得到发现、发展和应用。多元智力理论是由美国著名的心理学家加德纳提出的，他指出：人类的智能是多元而非单一的。多元智力主要由语言文字智能、数学逻辑智能、视觉空间智能、身体运动智能、音乐旋律智能、人际交往智能、自我认知智能、自然观察智能等八项智能组成。在传统的课堂教学中，单一的课堂教学内容和教学目标只能培养学生某一方面的知识和能力，而在本课中，林老师将地理、科学、语文与美术课进行了整合，学生课上了解了中国的陆地面积和海洋面积，关注了环境的特点问题，探讨了"蛟龙号"的科学性设计要素，并创编了《未来海底城》科幻短文。与此同时，在跨学科整合的教学过程中，学生的多元智能也得到锻炼。创作科幻短文使学生的语言文字智能得以提升，地理学科涉及的荒漠化现象和科学技术作品锻炼了学生的自然观察智能和视觉空间智能。此外，整堂课通过不断的交流与合作，锻炼了学生的人际交往智能。在欣赏作品时，学生通过自评和他评锻炼了自我认知智能等多元智能。

总而言之，《未来海底城》绘画教学将多学科进行整合，结合远程技术与资源网站为两地学生提供了交流、分享与合作的平台。整个课堂气氛活跃，学习变得更加有趣。在以往借助远程技术与课程整合的案例中，少有美术学科的教师进行尝试。林建庚老师用先进的教育理念，依托信息技术，为两地学生搭建了一个相互了解、相互展示的舞台，多方面锻炼了学生的知识与能力，让我们感受到了教学理念与信息技术的完美融合。

（转载《中国信息技术教育》杂志）

"诗中有画，画中有诗"插画教学

——《清平乐·村居》教学案例

林建庚

  "诗中有画，画中有诗"是对唐代诗人王维的评价，一首寓情于景的好诗，往往来自对生活实景的感受，文字和绘画在美的欣赏中从来没有割裂过，而是从不同角度提升人的审美、感知和感悟。

  人教版小学五年级语文课本的《清平乐·村居》是南宋大词人辛弃疾战后回到家乡所赋诗词，描绘了一个普通农家淳朴宁静的生活画面，体现了作者喜爱田园生活、追求安宁平静的思想感情。词人通过白描手法，生动地描述了农村的耕作场面，把老人的闲舒、青年的勤劳、少年的顽皮体现得淋漓尽致，让农村清新的景致、平淡的心境和和谐的生活充满了画面感，让读者欣赏诗词时仿佛置身这片自然的村居美景，陶醉于乡野风光，宛如一幅民俗风情画。在传统的教学中，语文老师在内容理解、字词学习、意境领悟、课文朗诵、美育熏陶等方面进行教学，本课由语文和美术老师共同完成，从不同学科内容和要求出发达到教学目的，通过数字绘画合作学习，重设诗词场景，促进学生更深层次理解词中生动的情境和朴素的人性美，并在视觉上重现了当时农家辛勤劳作、其乐融融的场面。

  由于作者生活年代久远，同学们很难了解当时真实的生活环境，本节数字绘画课教学的主要目标，是让学生在语文课完成的基础上，通过现实中农村的生活场景，理解词中乡村生活画面，根据作者对景物、人物和活动的描写，还原当时的画面，以更好地理解诗词。在创作中利用熟悉的Photoshop数字绘画软件和工具，分别对词中某一个内容进行分析，最后合作创作村居画面，在学习中增强对历史知识的了解，强化学生热爱自然的情感，掌握电脑人物和景物画法，并学会一定的插图和构图知识。建构主义学习理论强调以学生为中心，要求学生由知识的灌输对象转变为信息加工的主体。本课教学设计中，学生分组完成诗词中一个画面的创作，在同一主目标下，共同完成《清平乐·村居》诗词场景，实现语文与美术教学的共融，以问题为驱动，激发学习欲望，让各组学生带着各自任务，通过探究发现与问题解决、独立学习与相互合作、思维碰撞与实际操作等，自主学习，在教学过程中实现知识的传递、迁移和融合。

教学过程

一、感知村居

师：同学们，请大家欣赏一个画面（PPT课件滚动展示乡村的景色和生活场景，见图1）。你观察到了什么？给你怎样的感受？

图1

生：乡村景色、建筑和生活情境……

师：我们能在刚学过的诗词《清平乐·村居》中，找到相似的画面吗？

生：农田、菜地、房屋、池塘……（从现实引向文学）

师：好，今天，我们再一次欣赏《清平乐·村居》，领略它带给我们的美和宁静。（教师书写课题）

让学生先从熟悉的农村景色中感受田园的恬静安宁，认识简单朴素的农家生活，体会农村自然和谐的美，同时让学生发挥想象，将现实和文学有机关联。

二、走进村居

师：（课件展示学生改写的《清平乐·村居》散文）这是语文课中学生

们的作文，用通俗的方式描绘了诗词的情景，下面我想请同学们分角色表演和朗诵一下对白。

学生进行角色扮演，体会人物不同的对话和动作，理解劳动时的状态。

师：请表演的同学演示锄豆、编鸡笼、剥莲蓬的动作，其他同学看他们做对了吗？

学生观察、讨论，提出问题。

师：这些农村的生活场景和劳动场景，我们当中大多数同学都不熟悉，特别是课文中作者描写的年代非常久远，我们还是从熟悉的生活开始了解吧！

师：（课件展示与词中相似的人物和场景）请大家分析房屋等特征（图2和图3）。

生：分析并回答问题。

图2

图3

师：请根据图片再表演一下画面中的动作。大家是不是觉得更了解了农村劳作的情景呢？

学生表演。

师：我们通过观察、表演，对词中的生活情景有了更深的认识，下面，请大家一起背诵一下《清平乐·村居》，感悟词中的意境和田园之美。

学生有表情朗诵。

课堂首先要解决学生没有生活体验，对乡村生活缺乏认识的问题，从现实着手，通过看、思、析、演等，慢慢接近和体会词中的劳动场面，更深一步理解了诗词的意境和意味，为下一步的创作做了铺垫。

三、还原村居

师：同学们了解作者辛弃疾所处年代的背景吗？

学生讨论所掌握的历史知识。

师：课文中农家5口人，他们的服装有什么特点？你是从什么地方了解到的？请在黑板上画出服饰的基本形状。

学生画出服饰简笔画，表现所了解的特点。

师：这位同学的画抓住了衣服的领子和袖子的特征，说明他平时注意观察和知识的积累，值得大家学习！古人的服装根据年龄、性别、职业等的不同，也会有不同的特点。请大家观看课件，找到和词中人物相近的服饰。（播放课件，展示不同的服饰和服装知识，如图4和图5）

图4

图5

学生观看课件，学习服饰知识，并与课文联系思考。

师：《清平乐·村居》意境优美，场景清新，它告诉人们劳动的快乐，体现了生活的美好，也给画家带来无限创作灵感，请同学们欣赏几幅不同风格的绘画作品，寻找诗中的画面。（展示课件，图6）

图6

因为所处年代的不同，学生与课文存在很大的"代沟"，要让他们走进诗词，首先要走进历史。教师借助一些图片和文字资料，弥补了认识不足的缺陷，并通过作品欣赏，既对细节有清晰的了解，又对画面的整体性有完整的认识，为创作打下了基础。

四、再现村居

师：在《清平乐·村居》一课，画面中最重要的内容是什么？

生：大儿、中儿、小儿、翁媪、场景。

师：对！（教师展示课件）但每个内容都要从细节去表现，如翁媪怡然自得的表情，还有人物的劳动时的动作、服饰以及所处的环境等。这节课，请同学们根据词中的每一句仔细分析，分别在Photoshop软件中用画笔工具画出词中情景。（教师课件展示《清平乐·村居》文字，注明分组任务）

（1）茅檐低小，溪上青青草。（背景创作）

（2）醉里吴音相媚好，白发谁家翁媪。（人物创作）

（3）大儿锄豆溪东。（人物创作）

（4）中儿正织鸡笼。（人物创作）

（5）最喜小儿无赖，溪头卧剥莲蓬。（人物创作）

学生分组，各组讨论学习任务需表现的细节。打开Phtoshop软件，创作分组内容。

教师巡视课堂，实时帮助学生解决学习中出现的问题。

……

教师展示部分未完成的作品，提醒学生注意共性问题，并做适当调整。

学生继续完成作业，分别创作分组绘画（图7）。

课堂实践——学科融合打造创新型课堂

第

辑

师：请同学们将自己的作业上传到数字绘画网络教室的相应栏目（图8）。
学生将作业保存为jpeg格式，上传到网站。

图7	图8

师：大多数同学都完成了自己的作业，下面我们来看看今天的学习成果，看我们是否真正理解了课文的意境。请同学们浏览网页，各组分别选出自己认为最符合课文中村居的作品，并推荐给全班。

学生组长组织同学，选出本组最有代表性的作品（图9）。

图9

师：同学们，看到大家创作和选出的作品中，我们仿佛回到了作者那个年代。想象一下将这些作品合成课文中村居的画面，会不会重现当时的情景呢？大家想不想还原当时的情景？

生：想！

师：那么老师帮大家实现这个愿望。
（打开Photoshop软件，处理图片，调整构图，合成完整的画面，展示作品，如图10）

生：哇！

图10

师：同学们，从大家共同完成的作业中，能不能体现《清平乐·村居》中淳朴宁静的田园景色呢？为画加上文字，把同学们的作业作为课文的插图好吗？

生：好！

师：同学们，从语文和美术这两节课的学习中，我们既领略到有声有色的农家生活，也感受到了浓浓的诗意和对美好生活的向往，体会学习和创作让我们领会到古诗词中"诗中有画，画中有诗"的意境，感受到文字美和视觉美的结合。在今后的学习中，让我们更好地传承优秀的中国文学和艺术吧！

五、结语

本课在语文学习的基础上，继续用数字绘画的形式从视觉角度进行深入学习，通过感受文字美和视觉美，有机融合文学和艺术两种形式，在学习中将个体学习和小组合作形式相结合，实现学习目标。

采用数字绘画与语文学科融合的形式，有利于加深学生对古诗词的理解，文字和美术的结合有利于促进全脑开发，也是对学生多元智能的培养，同时提升对两个学科深层的理解，培养了学生的操作能力；分组合作学习有利于促进学生的合作能力和协作水平，也对语文和美术的整合学习提供了新的教学模式。

基于项目研究的数字绘图课堂教学研究

——《未来之旅》教学案例

林建庚

　　远程合作学习项目活动通过共同确定彼此感兴趣的研究主题，由合作伙伴自愿参与，由互联网提供多种可行的学习模式，真正实现有效学习和个别化学习，尊重学生个性发展的需要。远程合作学习模式对课堂教学方式改变有很大的启示。基于主持和参与中国和联合国儿基会远程合作学习项目研究与实践背景，通过项目学习中最核心的网络环境和合作学习方式研究效果，在基于网络环境下的数字绘图课程中尝试实践课堂项目合作学习，探索适应新形势下班级教学方式的改变，《未来之旅》一课，正是尝试将远程合作学习方式应用到课堂教学。

一、创设情境，启发导入（第一课时）

　　每个人都对未来充满好奇和憧憬，小学生更是对未来有无数的梦想，以"未来之旅"作为电脑绘画创作主题，无疑可以在某些方面满足孩子的探秘心理。"未来"又是一个比较大的题目，而内容越具体越容易表现，越能避免一些泛于其表的东西，如何让孩子联想未来，感受到能触手可及的事物呢？我首先设计创设场景，以上节课作业"我的好朋友"为主人公，虚拟组团参加未来五日游，然后出示现在和未来头像对比，让学生猜是什么，感受未来的变化；出示课题"未来之旅"，将全班学生带入前往未来的旅途。

　　教师以课件展示俄罗斯计划中水晶岛建设的宏伟蓝图和美国准备载人前往火星永久定居计划，调动学生对科学的向往，以及人类正在为未来做的准备，培养学生的科学探究精神和勇敢精神（图1和图2）。

图1   图2

教师以课件展示图片，提问学生What、Why、How，让学生学会用"是什么""为什么"和"怎么做"来探究问题，并找到解决的方法（图3）。

学生自主分析科幻图片。

漂流城市
——未来的诺亚方舟

What?
Why?
How?

一些学者认为，由于全球气候变暖和南北极冰川融化等因素，地球很可能在100年后变成一片汪洋。到那时，习惯于在陆地上生活的人类将何去何从？为解决这一难题，法国建筑师文森特·卡波特设计了一座能漂浮在海面上的美丽城堡，它的名字叫"利里帕德"。

"利里帕德"是一座"两栖城市"。它的上半部分露在海面，从高空俯瞰，犹如一朵怒放的百合花托，直径达1000米，上面建有医院、学校、商场、公园及各类娱乐场所，可供5万人正常生活。城市的下半部分则没入水中，这使它像轮船一样，能随着风向和洋流的变化在大海上自在邀游。"利里帕德"非常注重生态环境的营造：水上部分的所有建筑都覆盖着特殊材料，能吸收紫外线并进行光合作用，从而形成能源；水下部分用于养殖海洋浮游生物，这些生物可以吸收二氧化碳，解决城市垃圾，并将其转换成氧气和电力。

图3

教师以课件展示一组科幻画，引导学生大胆想象，展望未来（图4）。

图4

师：未来值得期待，但真正的未来到底是怎样的呢？大家一起来进行一次虚拟未来之旅吧!

二、小组学习，合作探究

在课堂中如何尊重学生个性，是教师在设计中必须认真考虑的问题。为学生创设虚拟旅途，通过小组合作完成学习任务。

师：（展示未来旅游地图，图5）今天，老师和你们一起乘坐时光穿梭机去进行一场未来之旅，去了解未来的城市、海洋、交通、食物或其他有趣的事物，请大家自主选择感兴趣的内容进行分组。请各小组完成以下过程（图6）：

图5

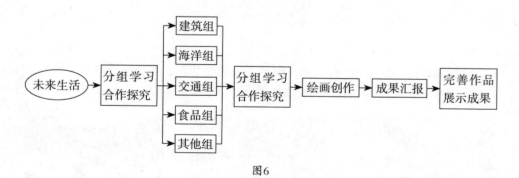

图6

学生选择自己关注的内容组成学习小组，选出组长，分组讨论，通过具体的细节描述未来城市的结构和相关内容，如建筑、街道、学校、医院等，将大变小，将抽象变具象。

师：请大家打开电脑绘画网络教室，根据各自主题在网站写出未来之旅作文，分享你的虚拟旅程。

学生写出未来之旅游记。

教师以课件展示未来世界的科幻画，为学生下节课的绘画创作提供感性认识。

三、尊重个性，创新实践（第二课时）

全班同学都已经写出未来观感的想象作文，师生一起学习了问题提出与解决的方法，同时又有各自分组，接下来就要充分发挥小组合作的作用，由组长组织本组同学讨论如何完善小组主题，根据城市的功能结构，调整分工，共同设计未来城市，讨论绘画方法，避免重复创作，开始各自的任务，努力完成个人创作。小组合作增强了集体荣誉感和团队精神，个体的作业会直接影响整个小组的成果，因此小组成员更加认真的完成各自学习任务。作业上传网站后，再分组进行网上评价，在评价中学生的表达能力和分析能力得到提升。

教师在电脑绘画网络教室提供学习资源PPT，供学生学习参考。

四、成果展评，反思提高（第三课时）

当所有作业上传到网站后，下一个环节就是成果收集与整理。五个小组长组织各组同学浏览小组作品，大家一起讨论成果，整理所需的内容，各组分别制作各自主题的"未来……游记"演示文稿，根据课时安排，分别介绍或五组再合成一个完整的未来之旅电子游记，准备向全班汇报本课学习成果。

师：（课件展示图7）这几节课的学习帮助我们完成了一次奇妙的时空旅行，同学们肯定有不少收获，下面我们一起来分享一下各个组的旅行记吧！

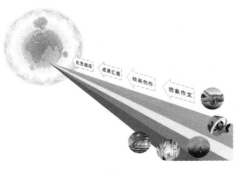

图7

学生上讲台介绍"未来之旅"中精彩片段，分别以实例展示未来五个景点，并通过采访学生、家长和网友加深对未来认识的广度和深度，最后分享学习收获，提出学习中的问题（图8）。

图8

学生PPT制作和汇报，培养了学生的信息收集与整理能力，也培养了其表现能力和表达能力，是提高学生综合能力的良好手段，同时体现了自主探究、合作学习的要求，取得良好的效果。

师：在同学未来之旅中，老师仿佛也身临其境，看到一个高科技和童话般的世界，老师把同学们游览所见制作成动画，让我们再一次感受未来之美。（课件展示Flash动画，图9）

图9

师：同学们展示的未来只是很小很小的一部分，未来还可能是怎样的？我们一起来看看同学是怎么写的吧！（课件展示学生在网站上所写，图10）

图10

师：（教师将学生发现的问题又在课堂中抛给学生解决，然后设计另一个场景，让学生通过练习解决前面教学内容的困惑）未来很多地方我们还不了解，如果想看得更多，就跟着未来导游姐姐继续游览吧！（课件展示未来导游和她的交通工具，图11）你觉得导游姐姐的车是怎样的呢？请一位同学在白板上画出细节。

学生上台在电子白板上填出细节（图11）。

师：同学们，你们觉得未来的车有什么特点呢？

生：舒适、安全、小巧、多功能、节能、全自动……

师：（将学生的答案写在电子白板上，图12）同学们刚才很好地总结了未来交通所具有的特性，那么在创作中，我们又该怎样带着做什么、为什么、怎么做这三个问题去思考呢？

图11

图12

课堂实践——学科融合打造创新型课堂

第二辑

师：让学生带着问题欣赏一组未来交通工具图片，激发学生对科学的探究热情（图13）。

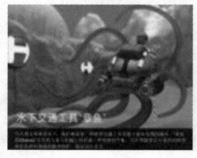

图13

师：请发挥想象，设计未来的交通工具（图14）。

图14

学生创作未来交通工具电脑绘画。

教师展示评价有特点的作业，分析是否达到学习目标，是否解决了前面出现的问题。

师：（小结，图15）未来其实离我们并不遥远，现在努力才能创造明天的美好！请同学们打开网站，把你想说的告诉未来。

未来离我们很远，却又离我们很近；
不仅让我们憧憬，更需要我们努力去创造……

图15

学生在留言处写出"未来，我想对你说……"。

课后小结

"未来之旅"的设计只是根据新课标和转变教学方式的要求，按照项目研究形式对美术课堂的一种尝试，力求建构以学生为中心的课堂，在教学中培养学生的自主、合作、探究能力，让学生发现问题和解决问题，同时也希望小组合作学习教学途径的探索有一定的收获。教学过程中也存在一些问题，如学习时间的安排、学生小组人数过多、部分学生合作意识不强等，这些问题都有待今后更多的思考，通过更多的课堂教学实践发现更适合小组合作学习的方法，努力形成有效的小组合作学习教学模式。

从绘画到动画，换一种方式的表达

——Flash动画初体验《逐帧动画》教学案例

杨 敏

　　人类在没有文字之前就有了绘画，绘画是无声的语言，在孩子运用语言还困难的时候，他们倾向于通过想象进行交流，这样画画就成为儿童在心理上的一种需要，它是孩子感情表过的方法。而电脑动画以其生动活泼的造型和丰富多彩的表现形式得到了孩子的喜爱，同时更容易激发孩子的创作热情。

　　而小学生学习Flash，首要的一点是让学生具有一定的审美观念，美的画面更能激起学生学习的欲望，同时这也是为后期的动画制作打基础。在学生一开始接触Flash软件时，首先是对工具箱的了解，而这一点，学生在初学电脑阶段，就已经接触到了与它类似的一个软件——绘图软件，两个软件有很多相似之处。在这个良好的前提下，教师不应是知识的占有者、传递者，要成为学生发展的指导者、促进者，通过适当的引导，让学生自主探索从绘画转化为动画的表达方法。在教学进程上由易到难、由简到繁、由浅入深，循序渐进，使学生每走一步都是一个更新。

　　《逐帧动画》是学生接触Flash动画效果的第一课，本课尝试创设一个自主开放的课堂，激发学生的创造热情，培养学生知识迁移的能力，让他们学会自主学习、探究学习，提高其审美情趣和创新能力，实现美术和信息技术跨学科教学。

教学基本过程与方法

一、设疑激趣，导入主题

师：老师听说我们班的同学很喜欢画画，今天我们一起来画画好吗？

生：好！

师：（展示课件，图1）我们今天要画一种特别的画，大家猜猜是什么画？

生：动画。

师：绘画我们都会，可是动画要怎么画呢？

图1

二、观察范例，思考动画形成的奥秘

师：（展示课件）现在让我们一起来看课件，请大家仔细观察，看谁能发现动画制作的奥秘（图2）。

生：根据幻灯片连续播放的效果对动画形成的原理进行猜测和推理。

师：原来当画面连续播放的时候，就能出现动态的效果。

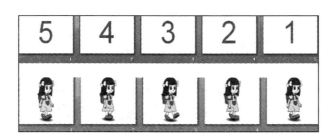

图2

三、影片中的帧

师：介绍影片中帧的概念，并进入Flash界面，介绍帧（图3）。

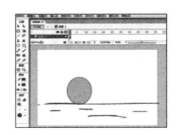

图3

四、小老师创作接龙

师：（老师创建第一个关键帧画面）老师在地面场景上画了一个圆，大家觉得这个圆可以是什么？

生：鸡蛋、石头、炸弹、不明物体……

师：大家都非常有想象力，现在老师创建第二个关键帧，请大家注意观察如何形成第二个动画画面。接下来情节会怎么发展呢？哪位同学愿意上来制作第三个关键帧？

学生上台接龙创作，拓展故事情节（图4）。

图4

五、小组分析范例，讨论创作主题

老师用广播软件下发范例作品，学生小组分析研究，并讨论商定创作内容（图5）。

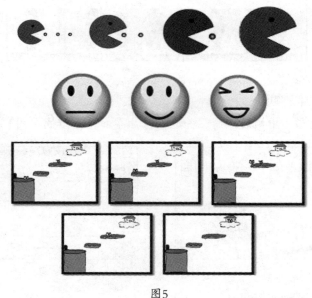

图5

六、动画制作初体验

学生自主操作，老师巡视辅导。

七、课堂作业展评（图6）

图6

八、小结与拓展

师： 经过一节课的学习，我们发现动画制作其实并不难，原来，绘画稍加改变和运用就可以实现动画的效果。生活中我们也常常遇到这样的情况，很多看起来复杂的工作其实在我们原有的知识和技能上略加变通和改进就可以完成。希望同学们在生活中多观察多思考，其实学问和艺术就在我们的身边，愿你们发现的眼睛能发现生活中各种精彩的表达方式，期待下次看到同学们更出色的作品。

课后反思

　　《逐帧动画》这节课上，老师通过引导学生观察绘画与动画之间的联系，吸引学生发现动画制作的奥秘，促使学生形成自主探索动机，启发学生进行新旧知识对照，由旧知识去思考、领会新知识，学会学习的方法。其中的动画制作接龙环节，意在尝试创设让学生自主探索的情境，激发学生思考问题、解决问题。本课将信息技术与美术跨学科整合，使学生的艺术创作热情在动画制作这种新的表达方式上得到充分的发挥和体现，并通过网络环境进行了成果展示与分享。

　　存在问题及改进建议：

　　（1）增加学生分析和交流作品的时间，除了展示作品成品外，还可以让学生进入源文件分析画面形成的每个环节，通过思想的交流与碰撞，在创作中得到更多启发和帮助。

　　（2）开展课堂小组合作学习，可以根据创作主题划分不同的小组，允许合作创作。

电脑绘画和习作整合课

——《猜猜我有多爱你》教学案例

白杨　李白

　　当前教学倡导学科整合、知识整合，不要将各个学科孤立化，因为各个学科、知识之间有很多交叉点。能将它们很好地整合，将极大地提高学生的学习兴趣和老师的教学效率。绘本故事，图文并茂，故事感人，文字兼美。很多老师把绘本故事引入教学中，尤其是一些优秀的绘本故事，在学生的情感、态度、价值观各个方面的教育中起着"润物细无声"的作用。我在教学中就将绘本故事和语文的说话写话进行整合，将语文学科和美术学科进行整合。

　　我选择了《猜猜我有多爱你》（图1）这本优秀的绘本故事，在二年级进行了整合教学尝试。我利用两节课的时间，通过绘本激发学生的学习兴趣，培养学生的创新思维。利用绘本故事中的图画让学生体会优秀绘本的文字美、图画美、内容美，利用绘本动人的故事情节，引导学生感受爱、表达爱、奉献爱。抓住契机设置悬念，激发学生想象、创作图画，再根据图画创编写话，培养学生丰富的想象力，将电脑绘画和习作相整合。

图1

▌教学过程

一、讲述故事，展示绘画

师：今天老师给同学们带来一个好听的故事，是外国作家山姆·麦克布

課堂实践——学科融合打造创新型课堂

第二辑

莱妮的作品，由我国著名的儿童文学作家梅子涵翻译的，它的名字是《猜猜我有多爱你》。（展示书的封面图片）请同学们把这本书的题目再一次读出来——《猜猜我有多爱你》。

教师开场即创设一个爱的磁场，把学生带入这样一个充满爱的温馨氛围中。

师：故事是这样的——（播放网络上的音乐配音朗诵，图2）

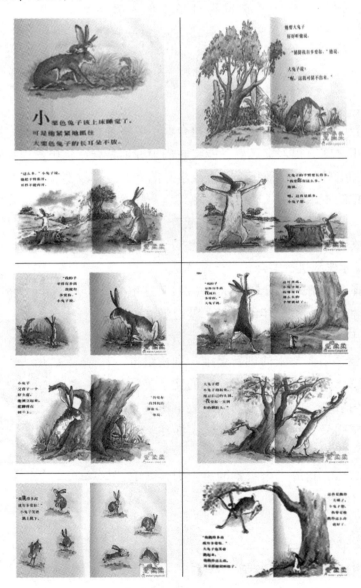

图2

图文并茂，文字兼美，内容温馨浪漫，符合孩童特点。学生慢慢进入情景，仿佛自己就是这只可爱又有点调皮的小栗色兔。

师：回顾一下刚才老师讲的故事内容，小栗色兔是怎样表达他对妈妈的爱的呢？

生：（总结归纳，展示图片）他用手伸的长度、手举的高度、自己身体的长度、自己跳的高度来表达自己对妈妈的爱（图3）。

图3

无论什么时候，无论借助怎样的媒介，无论课堂怎样改，我们始终不要忘记语文学科的本质——培养学生的思维、复述和表达等能力。

师：小栗色兔想了那么多种方法表达它对妈妈的爱，但都没办法超过妈妈对自己的爱，那么，小栗色兔又想出哪些方法来表达他对妈妈的爱的呢（图4）？

图4

当学生正听得如痴如醉，急切地想知道小栗色兔接下来还能用什么好办法来表达自己对妈妈的爱的时候，教师戛然而止，提出了这样具有发散性思维的一个问题。学生开动脑筋，展开了丰富的想象。

二、想象作画，评点图画

师： 请把你们想到的在电脑上用画板画出来。（配上优美的背景音乐）

小学二年级的孩子会写的字还很有限，但他们的想象力特别丰富，随手涂鸦的能力也很强，此时我让他们运用电脑进行绘画。电脑绘画有很多常规课堂所不具备的优势，如调色选色容易、上色快捷、相同的图案可以复制、修改清除更省时省力等。

教师展示同学们的画（图5）。

图5

师：你觉得谁的画画得最好，最有趣？为什么？（学生评画）

此环节是一个互相学习的好机会，看看别人的想法和创意，启发自己的思维和想象。学生潜力无限，创意无限，充满童真和童趣，让我们老师自叹不如。

三、选定图画，共编故事，续创图画

师：我们来选一幅最有趣的图画，共同编写故事。在编童话故事之前，我们还要想一想，童话故事都有哪些特点呢？

（1）赋予动物、植物、物品等人的性格、情感，它们会说话、会哭、会笑，有思想，有行动，运用拟人、夸张等修辞手法。（板书：拟人化，夸张）

（2）想象丰富。（板书：想象丰富）

（3）揭示一定的道理。（板书：揭示道理）

师：现在请同学们静下心来，插上我们想象的翅膀，好好想一想图6中发生了什么事呢？左右两个同学互相说一说，一位同学讲，另一位同学听，讲得不好的地方，可以互相提醒，互相帮助。（左右同学互相讲）

图6

师：请推荐你认为讲得最精彩、最有趣的同学把故事讲给大家听。（请3

人讲，同学评）

师： 请一名同学根据同学们编写的故事创作图画。

此时教师根据学生的讲解适当点评引导，让学生明白应该怎样开头，怎样体现拟人化，怎样才算想象丰富，怎样才是揭示了道理。教师可以用一些肯定的语言，如"瞧，多么简洁的开头，还运用了特让人印象深刻的词语"，"说话当中用上那么一两个恰当的词语，句子就形象多了，给人的印象也不一样了"，可以激发学生写话的信心和兴趣。

四、选择图画，创编童话，写出作品

师： 刚才我们根据××同学的图画描述了小栗色兔是怎样表达自己对妈妈的爱的。下面请同学们选择你最喜欢的一幅图画展开丰富的想象，写出故事。（学生写出故事，配上背景音乐）

师： 展示学生的文章，请5名学生连读自己的故事。（引导：文章写得美，还要读得美，培养学生的语感）

同学们很棒！想象丰富！有的孩子说：我对你的爱就像树的年轮那么多，像星星那么亮，像大海那么深，像长城那么长；我跑得多远，就有多爱你，我爱你一直到天空……我们惊叹：孩子们简直成了小作家了。

师： 现在再请同学们看一看我们现场作画的同学的画，再来评价一下他的画，比较一下现在的画和刚才画的画哪一幅更好，为什么？（现在画的画想象更加丰富了）是的，同学们编的童话再次启迪了他的思维，使他的画更加丰富了，这真是画能促文、文能促画啊！

五、展示原文，升华主题，表达爱意

师： 同学们，你们想不想看看作者的原文后半部分是怎样写的呢？（展示原文图画，绘声讲解或播放录音，如图7）

图7

 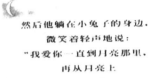

图7（续）

师： 故事讲完了，想一想，这个故事让你们明白了什么呢?

很多学生认为爸爸妈妈为自己付出的一切都是应该的，对父母毫无感恩之心，甚至是熟视无睹。通过这个小绘本的学习，通过这节课的学习，他们深刻地认识到：爸爸妈妈对我们的爱永远多过我们对他们的爱，我们应该更加珍惜他们的爱，回报给他们更多的爱。

师： 孩子们，其实"妈妈"这个词还有更广阔的含义，除了指我们自己的妈妈，祖国也是我们每个人的妈妈，你们还记得我们以前学过的一首小诗歌《妈妈的爱》吗? 让我们再来一起读一读这首小诗，朗诵《妈妈的爱》。

（女生）妈妈的爱

    有一个很热很热的夜晚，

    我从梦中醒来，

    妈妈正给我扇着扇子，

    汗水却湿透了她的衣裳，

妈妈的爱是清凉的风。

（男生）有一个很凉很凉的雨天，
　　妈妈到学校接我，
　　一把伞遮在我的头顶，
　　雨水却打在妈妈的身上，
　　妈妈的爱是遮雨的伞。

（女生）有一回我病了，
　　妈妈抱我去医院，
　　摸着我很烫很烫的额头，
　　妈妈着急地哭了，
　　妈妈的爱是滴落的泪。

（男生）有一天，我打破了暖瓶，
　　对妈妈又说了谎，
　　妈妈的批评叫我脸红，
　　我不敢抬头看她的眼睛，
　　妈妈的爱是责备的目光。

（全体）一次老师叫用"最"字造句，
　　我说："我最爱妈妈。"
　　"最该爱的是祖国，
　　祖国是我们所有人的妈妈。"

把以前学过的知识与新知识充分整合，扩大"妈妈"的内涵。这是我本节课的另外一个落脚点。孩子们从不太知道感恩，到不知道如何表达，到激发起对妈妈和祖国深沉的爱，情感层层深入，而且水到渠成。

六、布置作业，拓展延伸

师：孩子们，当你们很爱很爱一个人的时候，就要把这种感情表达出来。老师建议你们，将你爱的感觉告诉你所爱的人。请同学们回家根据自己的文章，进一步修改自己的图画，让自己的图画更加丰富、有趣、富有想象

力，我们来出一本《猜猜我有多爱你续集》

师：（小结）孩子们，谁的爱多，也许我们都弄不明白，因为爱是一件不容易衡量的东西，但是我们都能记住幸福的场面，小栗色兔会记在心里，大栗色兔也会记在心里，永远，永远，永远不会忘记。爱是相互的接受和给予。

中国人对爱的表达都很含蓄，即便我们的学生还都是孩子，所以老师要引导孩子们把我们对他人的爱大胆地表达出来，这十分有意义。

板书设计

大栗色兔 ——爱—— 小栗色兔　拟人化、夸张
　　　　　　　　　　　　　　　　想象丰富
　　　　　　　　　　　　　　　　揭示道理

教学反思

这节整合课可以说是非常成功的，整节课充分利用信息技术手段，整合课堂教学资源，把绘本故事、语文思维、表达、写话、电脑绘画、色彩搭配、音乐很好地整合在一起，让学生的心灵、视觉、听觉都享受到一顿丰盛的大餐，学生在轻松愉悦的学习中受到了爱的教育。不足之处在于，二年级的学生打字速度比较慢，有些学生想象丰富，写话十分精彩，但在有限的时间里没有表达出来，不能及时与同学们分享，这是本节课比较遗憾的地方。所以当我发现了这个问题之后，提醒打字比较慢的同学，可以用笔和纸把自己想的写出来，做了一定的弥补。今后我们还要继续尝试在教学中更好地整合资源，为学生带来更好的课。

课堂实践——学科融合打造创新型课堂

第二辑

四格漫画创作的教与学

——数字动漫创作班教学有效性的探索

郭小夫

在美术电脑绘画教学中，信息技术教师可能只对教会学生"运用数学技术"感兴趣，而忽略美术创意的引导和学习。因此，在该课的教与学之前，我给学生布置了确定课前故事主题和素材收集的作业。而在之后的连堂教学中，我更关注对学生创作思维的引导和启发。

教学基本过程与方法

一、灵活的课堂导入

在这次动漫班的四格电脑漫画辅导中，我列举了两则校园小新闻，意在引导学生理解多格漫画中需要出现的首个因素——故事主人公：

（1）我校倪诗炜同学利用课余时间亲手制作了"手办"模型（图1）。

图1

（2）"不速之客"流浪狗妈妈闯进校园内产子，护林工叔叔为三只小狗宝宝建造了温暖的狗窝，狗妈妈主动向护林工叔叔表示亲近（图2）。

图2

师：主人公是故事矛盾冲突的主体，同时也是需要重点刻画的一个中心人物。大家对刚刚诞生的三只小狗有什么疑问？

生：它们的都是公的吗？

生：它们的出生时间是？

生：它们的爸爸是什么品种的狗？

生：它们的爸爸去哪了？

生：为什么其中一只是黑色毛发的？

生：它们现在会不会很饿啊？

生：它们现在能吃狗粮吗？我下午就给它带吃的来！

生：谁给它们喂吃的呀？

……

学生学习热情高涨，对三只小狗产生强烈的兴趣。（引导目的达到）

这两个事件真实、感人，能为后面学生的创作提供丰富的题材和想象，学生非常感兴趣（之后，还有学生向学校申请义务领养小狗宝宝，并承诺给它搭建更温暖的"小窝"）。

二、了解四格漫画结构，深入探究（图3）

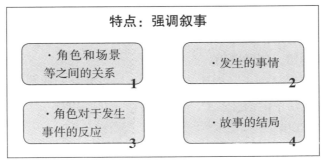

图3

情景的创设是为教学内容做铺垫，帮助学生掌握绘画创作中的美术知识提高创意表现能力，是本课教学需要达成的目标之一。因此，教师趁热打铁，将四格漫画的故事结构向同学们展示，并用最直接、最简单的图表方式向大家介绍画面布局。

（一）教师简单介绍四格漫画的定义

师：四格漫画，是一种古老的艺术表现形式。请问：什么是"四格漫画"？

四格漫画，顾名思义就是以四个画面分格来完成一个小故事或一个创意点子的表现形式。

师：早期的漫画除了传统的单幅漫画外，就是四格漫画，包括开头、发展、故事高潮和结尾，如报纸、杂志上的讽刺漫画。

教师重点介绍高潮这一格的构思（即角色对于发生事件的反应会关系到整个故事的成败，也是整个故事的亮点部分）。

举例：从成功的案例中得出以下结论——

短短几格涵盖了一个事件的发生、情节转折及幽默的结局，让人看完不禁会心一笑或捧腹大笑。

注重点子创意，画面不需很复杂，角色也不要太多，对白精简，让人容易阅读。

师生共同学习"四格漫画的创作原则"，引导学生学会用四个画面完整交代自己要表达的东西（教师加以指导，着重向学生强调故事的完整性）：

（1）第四格让人意想不到。

（2）使用的"对白"应尽量精简。

（3）利用画面表现出幽默、有趣的效果。

（4）格漫画一般没有太多的标准，一般平分四格。

（二）展示四格漫画的排版学习

从左往右，从上往下。（中国格式）

从右往左，从上往下。（日本格式）

三、拓宽思维，创意技巧

前面已经激发了学生的创作欲望，第三阶段开始关注创作的过程。师生共同发现日常生活中的创意点子，畅所欲言。教师提问：

（1）创意哪里来？

（2）为什么漫画家有这么多好笑的点子？

（3）他们是怎么想到的？

教师简介几种制造创意的方法：

①寻找创意法。

②矛盾法。

③个性冲突法。

④反转角色或反转地点法。

⑤逆向思维。

⑥灵感激发。

11个小组经过讨论，各抒己见，逐一分享四格漫画的创意点子：①在网络上收集；②到书店寻找题材；③从已有的笑话中取灵感；④在朋友聚会中察言观色；⑤根据别人的漫画转换思路；⑥灵机一动，点子不断。

教师小结。

四、寻找主题，电脑绘制

在以下阶段的创作中，教师应个别辅导，但对学生的创作不宜过多干预。

教师提示：画漫画要"三心二意"，"三心"即开心、耐心、用心，"二意"即特意、创意。

第一格：不要有太多的铺垫，应直达主题。

第二格：让这个故事继续发展。

第三格：设计一个突发事件。

第四格：设计一个意想不到或搞笑的结局。在电脑软件的应用上，大部分学生已经能熟练掌握Photoshop制图软件的基本操作。

在初稿阶段，根据创作的手段的多样性，全班11个小组的学生大致会采用以下两种创作方式：

（一）借助手绘速写本找灵感（图4）

图4

（1）逐一手绘四个格子的草图，再用数码照相机拍摄，转换成电子图片。

（2）在草图（已转换成电子图片文件）的基础上新建图层，为作品上色（图5）。

图5

（二）学生直接在电脑上描绘草图，给"故事角色"和"背景"上色（图6）

图6

（1）在"草稿图层"上画好初稿草图，再把不透明度减到15%左右。

（2）新建图层，用"笔工具"进行描线（精准的线稿，图7）。在运用软件绘制漫画的过程中，学生会根据自己的个人喜好而自由选择"笔工具"。

图7

课后反思

《四格数字漫画的创作》一课原来的设计是以特长班的形式开展的美术漫画制作课型。在我校的美术特长课程中，美术类型的特长班有一个动漫创作特长班。这个班的学生都是从七、八年级的12个班当中挑选出来的美术特长生。他们不只是爱好美术动漫，更是漫画制作的能手，因此四格漫画的创作对他们来说并不很难。问题主要集中在教与学的环节设计和创作时间安排上。通过时间整合，将每周一节美术特长课时间进行了拖延，即一直上完80分钟才下课。正因为有了时间上的保证，教师在课程教学的引导上便有了充足的施展空间，而学生思维上的交流就更灵活了。另外，学生对四格漫画的深入了解也需要有足够的时间。在主题寻找和电脑制作环节，学生需要有耐心和用心。而教师的讲解也很必要。这些都是教师在和学生的课堂交流中的直观感受，教师在课堂当中其实也是一名学生，应时刻站在学生的角度思考遇到的问题，如此一来，才更能明白学生在想什么，怎样才能真正学到东西，这一点真的很重要。

具体措施设想：

（1）今后如果能开展"连堂美术课"，对提升学生的美术技法与艺术感悟将更为有效。学生在欣赏、感受、表现中可获得更多的信息。可以设想，在连堂教学中，我们将有更多的惊喜。从表面上看，只是40分钟变为了80分钟，但由于有了时间的优势，学生们能有更多的机会表达自己的看法，能有更多的时间进行探索和体验，能有更多的时间了解自己和别人的差异，并通过不断努力来完善，满足了新课程中知识与技能，过程与方法，情感、态度、价值观三个维度的要求。

（2）美术课的连堂教学不是在为教师减负，相反这是在增加教师对教学精力的投入。同时，连堂教学需要教师做更为充分的准备工作，如准备图片、资料甚至实物，这给教师增加了很大的工作量。我们想做好这个实验，学校和教师都要做出更大的努力。为了学生的发展，我们将迎难而上，克服种种困难，让连堂更有利于学生的健康发展。

作为美育教学工作者，我们的想法都是一致的，一直在为过程育人、目标育人、建构更理想的艺术课堂氛围而不停地思考着。其实，在"时间的整合"方面，如果我们组教师有机会去尝试将两节课连堂上，必定在加强学习活动的综合性和探索性方面，更加注重美术课程与学生生活经验的联系，让师生的激情充分绽放。教与学的如此转变，也给美术教师的备课带来更大的挑战。

《Scratch装扮小游戏的设计》教学漫谈

陈　秀

创新是一个民族进步的灵魂，是一个国家兴旺发达的不竭动力。今天，我们已经昂首阔步地走进了云时代，可是我们的孩子却被升学的压力压得喘不过气来，学生被禁锢在为分数而拼搏的小天地里，其个性、特长被抛到一边；高考成了千千万万学生改变命运的"独木桥"，为了可怜的分数，为了考名校，我们的孩子疲惫地奔波于各大兴趣班，沦为考试的奴隶。作为一名信息技术教师，我们能给孩子带来什么？如果我们无力改变家长对教育寄予的功利之心，我们何不让自己的课堂飘扬起创意的云朵？何不改变自己的教学内容和教学方式，开启孩子心灵的一扇窗？何不让信息技术课堂成为孩子们的快乐和创意之源？这样孩子才能在紧张的学习缝隙里呼吸自由的空气，才能放飞想象的翅膀，才能够享受信息技术带来的无穷快乐。在教学中我们不能把学生看作消极的被管理对象，也不能把学生当作被动接受知识的容器，而要把每个学生看作具有创造潜能的主体、具有丰富个性的主体。

在教学中本人大胆引入Scratch这一软件，让孩子们设计各式各样的游戏，不是以玩游戏为目的，而是把它作为引导学生学习与设计游戏相关的知识、技能的手段，让孩子们排除干扰、克服困难，体验成功的快乐，体验创造的自豪感，增强自信心，使得他们的学习动机进一步增加，从而以更大的热情投入学习，制作出让人惊叹的装扮游戏。

教学基本过程与方法如下。

一、创设情景，激发兴趣

师：同学们，喜欢玩游戏吗？

学生：喜欢！

师：那我请一个坐姿最棒的同学上来玩游戏。（邀请一学生玩游戏，采访该学生）你喜欢玩这个游戏吗？

生：非常喜欢！

老师：想不想自己设计一个这样的游戏？

生：想！

老师：看老师今天的装扮，有哪些服饰？

学生：发夹、耳环、裙子、腰带、鞋子、袜子……

老师：（请几个学生上台展示服饰）再看看女学生1、女学生2、男学生1和男学生2的装扮，有哪些服饰？

（活跃了课堂气氛，让学生体会到设计来源于生活）

师：今天老师还带来了两个"模特"，让我们一起来欣赏他们的精彩时装秀。（播放时装秀视频）

师：同学们，你们想为这两个"模特"设计服饰吗？

生：想！

师：请同学们用15分钟为这两个"模特"设计服饰。

学生开始设计服饰（图1）。

在这一环节中，开始的两问两答（"同学们，喜欢玩游戏吗？""喜欢！""想不想自己设计一个这样游戏？""想！"）打开了孩子们心灵的一扇窗，与时代相接驳，与未来最近，让孩子迫不及待地想去看看那个色彩斑斓的世界。这样一扇窗，怎么可能不让学生好奇？这样一扇窗，怎么可能不意义非凡呢？

图1

二、自主学习，探究发现

教师在装扮游戏中问学生："在玩的过程中你有什么新的发现？"学生很快就指出了点击角色，角色会移动到模特的身体上。教师继续提问："怎么在游戏中让角色移动到指定的位置呢？"让学生去研究下列问题：

（1）仔细观察每个角色的脚本，用鼠标点击脚本，看坐标有什么变化。

想一想脚本是如何控制角色的。

（2）添加控制模块 和动作模块 移到 x: 0 y: 0 。

请学生汇报交流添加模块的方法

英国的著名教育家斯宾塞指出："在教育中应该尽量鼓励个人发展的过程，应该引导学生进行探讨，自己去推论，给他们讲的应该尽量少些，而引导他们去发现的应该尽量多些。"在这一课的教学过程中，我邀请一位学生上讲台玩事先设计好的游戏，问他："在玩的过程中你有什么新的发现吗？"学生很快就指出多了一个计算器。我又接着问："怎么在游戏中让角色移动到指定的位置呢？"顺利地引入了本节课的重点。在重点问题的学习上，我也没有把学生当成被动接受知识的容器，而是让他们利用已有的经验在软件中找让角色移动到指定位置的方法，学生经过小组合作学习，很快学会方法，然后再汇报交流，个别有困难的学生也能吸取经验，很快掌握了方法，孩子们获得了很大的成就感。在这节课中，学生的主观能动性得到了充分发挥，学生不再是被动接受知识，而成为学习的主体、参与者和探究者。

三、完成作品，教师巡视指导

学生继续设计服饰添加程序，完成装扮小游戏上机作业，教师边巡查边指导，提示学生保存后提交。Scratch让编程变得像玩积木一样简单而有趣。

四、欣赏作品，交流学习

请4～5位学生展示他创作的作品（图2），邀请小伙伴玩自己创作的游戏，小伙伴根据评价标准给予评价（图3），其他同学掌声鼓励（可增强创作者的成就感，活跃课堂氛围。

图2

图3

课后反思

　　本节课学生通过自主学习、合作探究，顺利地设计出了装扮游戏：点击绿旗，点击各件服饰，服饰会出现在模特身上，达到装扮的效果。在课堂设计时，为了保持学生学习的兴趣，让学生在玩中发现，在玩中学习，在玩中感悟程序设计的奇趣。学生通过绘制功能，利用画笔在舞台画出各种神奇的服饰图案，并保存舞台效果图。让学生邀请好朋友玩自己设计的游戏，分享自己设计的作品，体验数字艺术的奇妙，可激发学生的创作欲望和发现美的能力。孩子们在《Scratch装扮游戏设计》这一课中，展开了自己想象的翅膀，不但成了游戏设计师，还成了服饰设计师，既体验到了设计游戏的快乐，又学到了程序设计的相关知识，成为学习、设计游戏的主人。Scratch，让信息技术课堂生机勃勃！Scratch，让孩子们的作品五彩斑斓！Scratch，让孩子们的创意轻舞飞扬！

探索交叉学科电脑数字绘画课堂

——《星际探索》卡通形象设计教学漫谈

郭憬思

电脑数字绘画是一种融合了信息技术和美术两个学科的新兴课程，这门课程既要求学生了解各种、熟悉各种绘画软件的操作，又要求学生具有审美意识和创新能力，用美术的眼光去发现美，用美术的元素去创造美。不能过分地偏重于信息技术的传授，以及绘画软件技巧及特效的应用。新课标强调美术与现实生活紧密联系起来，加强跨学科教学的研究与整合、美术各门类、美术与其他学科、美术与现实社会的联系使美术真正服务于社会，体现它的真正价值。本课着重体现了交叉学科的设计与新课标的要求。

《星际探索》卡通形象设计这一课的教学目标即尝试打造一个在合作团队框架下学科交叉合作型的电脑数字绘画课堂，培养学生的自主学习、探究学习、合作学习，激发其创造性，提高其审美情趣和创新能力，通过英文电影创设情境、小组分工电脑绘图软件绘画、PPT拼合作业，小组讨论合作填写报告表单，并在电教平台和网络环境下共享学习过程和成果，实现美术、信息技术、英语与科学等跨学科教学。

教学基本过程与方法

一、英语情境引入，探索宇宙

以学生最喜欢的电影《星际迷航》的经典片段（图1）作为引入，展示经典台词"To boldly go where no man/one has gone before"（勇敢地航向前人所未至的宇宙洪荒）。

图1

师：人类自蛮荒时代起，就不断仰望星空，对宇宙的探索永不止息。宇宙到底有多大？在浩瀚的宇宙中，地球是否孤独？在是否真的有外星人存在？外星人又是什么样子的？这节课就请大家和老师一起来进行星际探索吧。（展示课题《星际探索》）

生：最流行的星际探索元素充分激发了学生的兴趣与积极性，给予学生正能量，鼓励他们积极探索前人未至之境，富有进取精神。

二、提出问题，激发科学探索欲望

师：人类向太空发射了数以万计的探测器穿越苍茫的宇宙，探索地外生命。如今已有四个探测器发回了好消息：在四个星球发现了生命迹象（图2）。现在我要派四个探索小队去探索这四个星球。第一小组，负责探索红色星球；第二小组，探索蓝色星球；第三小组，探索黄色星球；第四小组，探索绿色星球。在去探索之前，我们要先来认识一下其他星球的生物（图3）。请同学们仔细观察，是否可从外星生物的外形猜出它们分别是哪个星球上的生物？为什么？

图2

师：这是根据英国著名物理学家和宇宙学家史蒂芬·威廉·霍金（Stephen William Hawking）的推论画出来的外星生物（图4）。谁能说一说，你发现它们的哪些特征适应自己星球的环境？

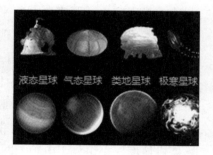

图3

师：在科学课上我们学到过，生物的外形结构、生理特征一定是与它们所生活的环境相适应的。液态星球的生物类似于海洋生物，气态星球的生物中空如大灯笼，类地星球的生物肌肉结实，极寒星球的生物长毛能御寒。

图4

师：一起来看一看其他星球上的外星生物（图5）是什么样的。（播放经典电影中外星生物的合辑）

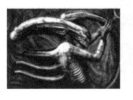

图5

师：这些外星生物有什么特点？我们要如何画出外星生物？

师：老师提供两种方法（图6）供大家参考，你们还有更好的方法画出别具特色的外星生物吗？怎么画？

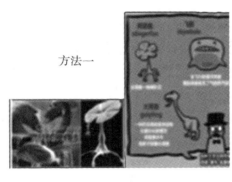

方法一

方法二

图6

与科学课所学知识融合，融会贯通，能合理分析，灵活运用。让学生直观地欣赏到各种外星生物，启发学生的创造性思维，发挥自我个性，为下一步的创作打下基础。

三、小组合作，进行基于任务的探索学习

师：同学们打开属于你们小组的文件夹，找到标有"星球资料"的文件（图7），开始读取星球资料，然后用2分钟的时间分小组讨论：你们将要探索的行星上的生物会是什么样子的？有什么共同特征？

图7

任务一（限时15分钟）：

全班分为四个小组，每组负责探索一个星球，画出外星生物的样子，并储存为png格式发到小组文件夹。

师：有同学问到如何使背景颜色变透明，现在请同学们打开奇奕画笔工具，建好图层后，将底层的图层透明度调到0，这样就可以了。各小组成员欣赏本组作品，想一想这些生物会在各自的星球上发生些什么。

任务二（限时3分钟）：

组长打开资源图片"环境"（图8），将本组的作品用PPT拼贴完成"外星生物大合照"。

图8

组员讨论，完成报告单（图9），选一位代表发言。

小组分工：组合作品，1人；发言，1人；填报告单，1人；计时，1人；其余人员参与讨论。

生：构建框架，以学生为主体，培养他们独立思考、自主解决问题的能力，培养他们的创造性思维，在小组学习的过程中相互沟通，相互协作，相互纠正，取长补短，使多元智能得到全面发展。

图9

四、提交报告，总结升华

教师收集各组的表单和提交小组的合成作品，请每个组的发言人报告本组的调查结果。

第一小组（图10）：

图10

第二小组（图11）：

图11

第三小组（图12）：

图12

第四小组（图13）：

图13

师：请同学们认真欣赏每一组合作创作的作品，选出一个你最喜欢、觉得最有趣的星球，说一说你为什么喜欢。你愿意住在这里吗？如果你住到这个星球，要怎样和星球上的生物相处？

生：要尊重对方的文化和习俗，做到文明礼貌。

师：同学们，如果我们邀请外星朋友来地球做客，你觉得它会喜欢地球吗？喜欢哪里？不喜欢哪里？在日常生活中，我们怎么做才能让地球更美好？

师：人类对宇宙探索的脚步永不止息，我们除了要仰望星空，同时也不能忘记要脚踏实地，做好身边的每一件事。下节课，我们将以今天设计的外星生物的卡通形象作为主角，画出它的故事。

师：请同学们回去之后，到我们学校电脑绘画网站上写出本节课的收获与不足，对学习过程、方法、效果等进行反思，有兴趣的同学可以看一下我放在网站上的几部关于宇宙探索的电影，进行知识拓展。这节课上到这里，谢谢大家！

课后反思

《星际探索》外星卡通形象设计这一课，是一次大胆的创新尝试。选取了星际穿越这个时下最热门的主题，尝试进行科学、英语、信息技术与美术的多学科交叉整合，通过多种形式的小组学习活动，达到发展学生多元智能的目的。

这节课对学生的要求比较高，在知识与技能方面：要求学生既要熟悉奇奕画王与PPT等软件的技术知识，又要会这用点、线色、花纹、等美术知识创造外星生物的卡通形象，同时要灵活运用科学课的生物、地理知识，理解国外的天文物理知识，了解人类对宇宙的向往与探索永不止息，正如星际迷航的精神，积极进取。在过程与方法方面：体现了学生的小组合作的探究能力。在情感态度价值观方面：引导学生进行宇宙探索，反思自身，在日常能为地球的自然环境与和谐做些什么。

教学设计上教师以星球探索为情境线索，一步一步引导学生通过观察、思考、讨论、发言、辩论等形式进行学习，发挥想象力，培养创造性思维。调查报告单的设计则使学生在遵循主线、合作学习、自主探究的前提下，更能发挥主观能动性，张扬个性，发挥无限创意与潜力。

北京师范大学江博士点评：

值得肯定的方面：这节课非传统复制课，而是一节大胆的多学科交叉课，教学理念创新，结合热点，主线清晰，任务明确，具有科幻思维，渗透环保的概念。引入了报告单的元素，非常新颖，大大提升了课堂效率，优化了课堂。

需要改进的方面：

（1）在小组分工方面要更加明确、细致，让每个学生都作为小组的一份子，在和谐民主的氛围下进行学习。

（2）在拼合画面的时候注意提醒教育学生，作品无论好坏都要放在里面，因为每个人都是小组的一份子，要有集体精神。

（3）教师在评论的环节要重视培养学生树立正确的价值观，传递正能量。

《雪花人》教学案例

——与绘本融合的电脑绘画课堂教学研究

向冬梅

绘本介绍与绘画主题的选择

　　儿童绘本是用图画和文字共同叙述一个完整故事的书，是图文交融、相得益彰的一种表现形式。在绘本里，图画不再是文字的附庸，而是图书的生命。好的绘本，每张图像都有丰富的内涵，图与图之间呈现独特的叙事关系，表达绘本的整体意境，能带给孩子美的熏陶和教育。同时，绘本中蕴含人生哲理与生活智慧的文字也能在不多的文字篇幅中起到点睛之用，帮助儿童建构精神世界，《雪花人》就是这样的一本绘本。与大部分绘本的动漫人物与虚拟情节不同，这是一个真实的传记故事。威利·班特利从小就很喜爱雪花，他的父母送他一台显微照相机，他就想出各种方法把收集到的雪花拍下来，酷寒的温度无法冻却他的热情，残暴的风雪也无法阻挡他的脚步，他一直坚持到人生的终点，拍出了许多精美无比的雪花相片，让世人第一次认识了雪花的清晰而真实的面貌，最终，他从一个单纯的农人变成一个雪的专家，人们因此称他为"雪花人"。《雪花人》不仅给孩子们带来一个感人至深的真实故事，让孩子们学会对梦想的坚持，还为孩子们揭示了大自然凝结成的奇迹之美，让孩子们热爱、崇拜大自然。同时，书本里出现的大量精美雪花图片和那些描述雪花形态的美妙文词，譬如"雪花真是巧夺天工，当一片雪花融化时，它的美就永远从这个世界消失了，不留一点痕迹"，又如"每片雪花都有复杂而精致的图案，美丽的程度远远超过威利的想象。他以为会出现相同的图案，结果却从来没有发现过"，对孩子都是一种艺术的感染和审美情趣的培育。

　　欣赏完雪花无比美丽并且从不重复的图案，孩子们的创作激情被点燃了，每个孩子都想绘制出一朵自己心目中最完美并且与众不同的雪花。而雪花又恰好是一种特别适合用电脑绘制的题材，因为它具有中心对称性，学生在绘画出一根分支后，可以很方便地通过绘画软件的复制与旋转功能得到其余五根分支，形成一朵六角形的雪花。另外，雪花的创作任务难易适度，小学四年级的学生在一堂课内完成作品的可能性极高。这也是最终我选择这本绘本导入的重要原因。

电脑绘画软件的选择

基于创作题材的特征，我仔细地考量了本校学生接触过的几款常用绘画软件——画图、奇奕画笔、Flash，发现只有Flash能满足精确旋转任意角度的创作要求。另外，利用Flash创作输出的图形是矢量图，无论放大还是缩小都不会有损画质，非常适合孩子们运用复制、旋转方法来创作雪花。

学生创作资质的分析

对儿童来说，美术可以说是一种得天独厚的手艺，小朋友最感兴趣的事情就是抹抹画画。

四年级的学生想象力丰富，有较强的表现欲望，具备基础的运用线条表达形状结构的能力，掌握了一定的美术表现技法，绘画作品水平普遍较好。同时经过一年的电脑学习，具备了一定的电脑和绘画软件使用能力。

教学目标与重难点

（1）知识与技能：了解雪花人奋斗的一生，认识雪花的特点，学会提取客观事物最典型、最突出的特点，在平面中表现出既有概括性又有可识性的绘画；掌握用Flash软件绘制简单图案并加以变形的技能。

（2）情感态度与价值观：引导学生细致观察大自然，激发对大自然凝结成的奇迹之美——雪花的热爱；鼓励孩子们学习雪花人一生追逐梦想的勇气和坚持的精神。

重难点

雪花分枝的造型创意设计，对Flash软件中复制、粘贴、旋转等功能的熟练运用。

课堂实践——学科融合打造创新型课堂

第二辑

教学过程

一、绘本导入

师： 同学们，冬天到了，北方已大雪纷飞。（课件播放雪景图）你们喜欢雪吗？

学生回答。

师：（导入课题，引出绘本）几百年前，有一个男孩，他对雪的热爱与迷恋超过你们中的任何一位，他"爱雪胜过爱世界上任何其他东西"，他就是威利，人们叫他雪花人。你们想知道他的故事吗？请跟老师一起来读一本精彩感人的儿童绘本——《雪花人》。（课件展示绘本封面，演示绘本故事，见图1。）

图1

师：《雪花人》的主人公是一个非常爱雪的孩子，名叫威利·班特利，他一生都在观察、拍摄各种美丽的雪花，无论天气多么恶劣他都一直坚持着，直到他生命的终结，他被大家称为"雪花人"。从这个故事中你感受到雪花人是一个怎样的人？

生： 雪花人是一个敢为梦想而坚持一生的人。

生： 雪花人是一个热爱雪花的人，他研究雪花非常认真。

……

师：大家说得都很对，可见你们在阅读的时候非常认真。考考你们的科学知识，谁能告诉大家雪花是怎么形成的？

生：空气中的水分遇到冷空气凝结成的。

师：对。下雪是一种自然现象，即空气中的水汽，在高空中遇冷便会结成小冰晶，许多小冰晶在空中相碰凝结成一朵朵小雪花，从天上落下，就是下雪了。雪花是晶莹美丽的，每一朵雪花都是一个有趣的图案，既有规则，又很美观。

二、雪花欣赏

师：下面我们一起来欣赏雪花人显微相机下美轮美奂的雪花。（课件展示大量雪花的精美图案，见图2）

图2

三、雪花形状特点

师：雪花如此美丽而神奇。雪花的基本形状是六角形，但大自然中几乎找不出两朵完全相同的雪花，就像地球上找不出两个完全相同的人一样。你们想不想设计一朵自己心目中最美的雪花呢？

师：雪花人发现了雪花的真实样貌，谁来说一说它的形状特点是什么？

生：它是六角形的，有六条分枝。

生：雪花很美丽，图案很精致。

师：那它还有什么特点呢？

生：雪花每一朵都各不相同，没有重复的图案。

生：雪花是对称的

师：围绕哪里对称？

生：围绕中心点。

师：非常好！想一想，在电脑上画一朵雪花，如何利用它对称的特点来方便我们画画？

生：我们可以先画好一个分枝，然后再复制出另外几个分枝，再旋转，就可以很快地画出一朵雪花了。

师：说得很好，在纸上画，我们必须分别画出六条分支；借助于电脑，我们就可以偷一下懒了。那么思考下，每两个分支之间要旋转多少度呢？

生：……

生：60度？

师：能不能说一说为什么是60度？

生：六个分枝围绕一圈一共形成了六个夹角，一圈是360度，除以6，每个夹角就是60度。

师：他分析得非常正确，大家都理解了吗？

四、分枝与 Flash 旋转画法

下面我们以一个简单的雪花分枝为例，在Flash中进行旋转练习。

打开一个事先画好分枝的Flash文档，教师示范过程，如图3。

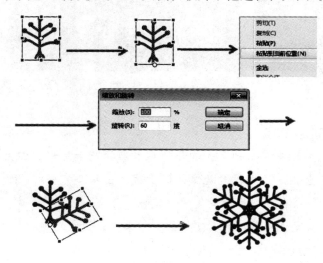

图3

第一步：用工具栏上的"任意变形"工具框选中分枝。

第二步：将中心的旋转柄拖动至底部中间，并且右键"复制"该分支。

第三步：右键"粘贴到当前位置"。

第四步：选择菜单"修改"——"变形"——"缩放与旋转……"——在弹出对话框中输入旋转"60度"。

第五步：重复第三步、第四步四次，每次的旋转角度依次设为120，180，240，300。最后就得到一朵有6个分支的雪花。

五、学生用 Flash 创作雪花

师：学会了在电脑上画雪花，那么要想创作出一朵最美丽的雪花图案，最关键的是什么呢？

生：是每个分枝的形状。

师：对，我们首先要设计出最特别的分支的造型，雪花图案的差异归根究底来源于不同的分支造型。

我们一起来分析，雪花的分支一般有哪些基本形？（PPT课件展示）

一位科学家说："每一朵雪花都有六片花瓣，有些花瓣像山苏花一样绽放出美丽的小侧舌，有些是圆形的，有些又是箭形的，或是锯齿形的，有些是完整的，有些又呈格状，但都没有超出六瓣型的范围。"

雪花的花瓣基本形状可以分为剑形、叶形、羽毛形、钻石形、蜂巢形……

同学们大胆想象，发挥创意，设计出一个最美丽的分枝，再配合上各种圆形、环形或六角形的中心图案，就能创造出丰富多样的雪花图案。

师：同学们，欣赏了雪花，认识了雪花，学习了雪花的画法，下面该我们一试身手了。雪花可是会融化的，我们要抓紧时间，请你们打开Flash软件开始画吧。（老师巡视指导）

六、学生作品评析

教师将学生的优秀作业汇集到PPT背景图中展示，视觉效果更好（图4和图5）。

图4

图5

课堂实践——学科融合打造创新型课堂

第二辑

教学反思

　　本课以阅读绘本导入，意在使学生了解雪花人班特利，感受他对雪的热爱，以及为实现梦想而终其一生的坚持和努力，激发学生阅读科普类书籍的兴趣，在学生心中埋下一颗观察生活、坚持探索的种子。学生对雪花人的崇敬之意自然而然地转化为对雪花的喜爱之情，课堂的创作任务落脚在雪花人挚爱的雪花上，顺应孩子的情感发展规律。接着，带领学生欣赏大量的雪花图案，认识雪花的形状特点，让孩子们学会提取客观形象最典型、最突出的特点，以平面化、程式化的形式和简洁大方的笔法，表现出既有概括性又有可识性和示意性的绘画。然后，示范用电脑画雪花的方法，孩子们看到在电脑上创作与纸上创作相比的优点后会很兴奋，但是老师应紧接着指出最需要创意的部分就是雪花分枝的造型，如何避免千篇一律的雷同雪花，是学生需要认真思考的。课件展示显微镜下大量的雪花实景图，形状千变万化的雪花，朵朵晶莹璀璨，精致奇特，美不胜收，在让学生们惊叹的同时也点燃了其创作热情。从课堂的创作效果来看，收获还是很喜人的，同学们发挥想象，运用软件创作的雪花也是精彩各异、不可小觑的。这节课同学们收获了科学知识，也体验了电脑绘画创作的乐趣，享受到了大自然的奇美，感受到坚持梦想是生命中一种珍贵的精神，对以后的人生成长也起到了积极的作用。

《画鸟》美术课堂教学探究

余婷婷

同课异构，是指同一节课的内容（都是"画鸟"这个内容），由不同学科老师根据自身的学科知识、教学方式备课上课。由于老师不同，授课的结构、风格，所采取的教学方法和策略各有不同，这就构成了针对同一内容，用不同的风格、方法、策略进行教学的课。

《画鸟》就是一节同课异构的课程，学生以前学过观鸟自然笔记，对鸟的外形和结构特点有一定的了解，对有关鸟的内容有学习热情；本节课将舞台剧和数字绘画相结合，让孩子快乐地学、学得快乐，也为课堂融入了新鲜的元素。

教学基本过程与方法

一、前言引入，看图作答

师：由于环境的污染，鸟儿们的生存环境受到了极大的威胁，于是它们决定召开鸟类环境峰会，来拯救环境。有哪些鸟儿收到了邀请函？

学生边看图边回答（图1和图2）。

图1

图2

师：各国的国鸟也都代表自己的国家来参加环境峰会了，它们都是哪个国家的国鸟呢（图3）？

图3

学生看图识国鸟。

请学生认知识科普员的身份，给科普各国国鸟的相关知识。

二、剧情深入，引出问题

师：有一只小鸟也收到了邀请函，看，它已经开始了自己的旅程。

学生观看PPT动画，随着剧中小鸟周围的环境发生着变化，学生的心情也随之波动（图4）。

学生描述小鸟发生了什么。

播放PPT，由学生演员配音（图5）。

图4   图5

学生欣赏孔雀姐姐"形象设计中心"的优秀作品（图6），说一说喜欢哪一幅作品，以及喜欢的原因。

图6

师：被装饰后的小鸟对自己的新造型非常满意，而此时有更多的被环境污染弄脏了羽毛的鸟儿来寻求孔雀姐姐的帮助，可是鸟儿的数量太多，孔雀姐姐有心无力，大家能不能帮帮他们呢？

三、了解结构、特征，掌握方法

（1）要想画鸟，我们要对鸟的结构有所了解（图7）：①头；②嘴；③颈；④身；⑤腿；⑥足。

（2）除了共有的结构，每种鸟儿还有属于自己的独特外形特征（图8）。

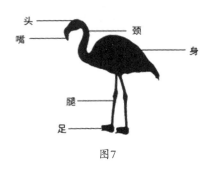

图7

图8

（3）讲解作画步骤：

①画出鸟的轮廓，抓住主要外形特征。

②填充颜色，注意颜色要丰富。

③添加花纹，注意点、线、面相结合（图9）。

图9

四、学以致用，实践作画

（1）教师提出作画要求。

（2）学生找到鸟类基本型的图片，或以屏幕滚动显示的鸟类图片为参考，开始作画。

五、展示作品，互相评价

（1）学生上传作品。

（2）教师现场用学生作品制作环境峰会现场图。

（3）学生介绍自己的画（为什么要这样设计）。

（4）学生互相评价（造型、线条、颜色、花纹、想象力等方面）。

（5）教师总结。

六、畅所欲言，总结升华

师：如果请你替小鸟发声，你想代替小鸟向人类说些什么呢？

学生畅所欲言。

教师总结：地球只有一个，爱护地球，爱护环境，人和自然必须和谐共处。

图10

教学反思

《画鸟》这节课，体现了课堂上以教师主导、以学生为主体的教学原则。看似是画鸟，实际上在整个课程中贯穿了环境保护这一现代社会的重要议题，并不是单纯地告诉学生要爱护环境，而是以舞台剧为依托，让学生参与其中，感同身受，从而让他们自己总结出爱护环境的重要性。

以舞台剧导入，既提高了学生的参与度，也激发了学生的学习热情，帮助小鸟这个环节使学生体会到帮助和给予的乐趣，而国鸟知识普及的环节又扩充了学生的知识储备，学生在感兴趣的基础上学习鸟类的结构、特征以及作画方法，效率会高很多。教师用学生作品现场制作环境峰会现场图这个环节大大提高了学生的评画兴趣，也和本节课的主题相呼应。

当然，这节课也有一些值得反思的地方，比如在短短一节课时间里，需要完成鸟的轮廓图，并且涂色、添加花纹，对学生的要求还是比较高的，每个学生的情况不同，完成要求的时间各有不同，这时就要根据学生的差异性，作出针对性指导。

《观鸟自然笔记》信息技术课堂教学浅析

陈　苗

　　什么是自然笔记？自然笔记就是通过观察、描绘，对大自然进行的记录，抒发情感，用心播撒保护自然的种子。

　　本节课将观鸟自然笔记和数字绘画相结合，让孩子结合生活观察与记录，创作属于自己的自然笔记，学以致用，热爱大自然，保护大自然。

教学基本过程与方法

一、Flash欣赏引入，观察与思考

　　师： 在上课前，我们先来欣赏一个Flash：《快乐观鸟行》（图1）。（来自鸟网毛虫的作品）

图1

（一）学生欣赏，观察和思考

　　师： 看完这个动画，你有什么感受？

　　生： 自然的美，快乐观鸟……

（二）照片展示笔架山观鸟活动

　　师： 请同学们分享自己的观鸟经历。

　　（1）学校观鸟小组成员分享观鸟心得。

　　（2）班级小组分享观鸟活动的过程与感受：笔架山观鸟、观鸟记录、观

鸟作文、问卷调查和小结。

二、展示课题：观鸟自然笔记

（1）认识自然笔记（图2）。

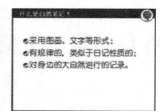

图2

（2）掌握记录自然笔记最重要的技能：细致的观察力。

游戏一：找不同——台湾蓝鹊和红嘴蓝鹊的区别。

（3）认识鸟的外形结构与生活习性。

游戏二：猜一猜鸟的剪影，包括池鹭、白胸苦恶鸟、普通翠鸟、黑领椋鸟（图3）。

图3

（4）观察与记录的方法：手机、平板电脑、照相机、自然笔记等。

三、任务引入：完成笔架山观鸟自然笔记

（1）任务卡：利用Flash制作笔架山观鸟自然笔记（图4）。

（2）自然笔记三要素：

①时间、地点、天气情况。

②观察到的事物（细节），包括眼睛看到的、耳朵听到的、鼻子闻到的、手指触摸到的、以及心里想到的等。

③记录者的信息。

图4

（3）利用Flash制作观鸟自然笔记温馨提示。

工具运用：Flash的绘画工具（图5）。

①关闭不需要的面板，使舞台显示范围更大。

②画笔——压力适应。

③文字可以用手绘板输入，也可以用文字工具输入。

④使用放大镜修改。

图5

效果运用：Flash逐帧动画。

画面布局：图画和文字和谐统一。

四、学生利用 Flash 制作观鸟自然笔记

（1）根据要求，用Flash制作笔架山观鸟笔记（图6）。

（2）学生自主操作，可小组协作完成作品。（播放轻松的背景音乐）老师巡视课堂，辅导帮助。

图6

五、作品展示，欣赏和评价

学生提交作品，老师收集，演示作业（图7）

（1）学生自评：我的作品主要讲什么？是怎样设计的？

（2）学生互评：你觉得这个作品的优点是什么？还有什么要改进的？

（3）老师点评：综合评价学生作品。

图7

课堂实践——学科融合打造创新型课堂

第二辑

六、小结与拓展，总结、思考

除了观鸟，在自然笔中记我们还可以记录什么呢（图8）？

（1）观察石头。

（2）观察雨滴。

（3）倾听大自然的声音。

（4）观察一天中阳光的变化。

（5）记录你的旅行。

（6）林建庚老师的作品：四季花鸟。

（7）诗歌。

图8

课后反思

（1）结合校本课程和观鸟活动进行观察与记录。

（2）让学生体验手绘和数字绘画的不同之处。

（3）以"画鸟"为主题展开同课异构教学活动，课后进行了评课（图9）：该课例结合数字绘画项目研究，将数字绘画与自然观察活动有机融合；设计新颖，思路清晰；无论是在课堂气氛，还是在教师的引领、教学设计、课件制作方面，都非常用心；按照分组、合作、野外观察、问卷访谈调查、观察记录、观察日记作文

图9

等项目的顺序将观鸟一系列活动向师生进行了汇报，用Flash制作自然笔记，展示学习成果；学生训练有素，表达、合作完美，体现信息技术对教学的影响和渗透；大家还共同探讨了学科之间如何优势互补、综合表达等，提出很多思考。

《小黑鱼》绘本动画设计教学随感

陈　秀

　　兴趣是最好的老师，是通往成功的大门，是引导学生主动学习的关键。一个人一旦对某事物产生了浓厚的兴趣，他就会主动去求知、去探索、去实践，并在求知、探索、实践中产生愉快的情绪和体验。儿童最爱的就是玩——玩游戏、卡通、动画等，Scratch紧紧围绕这个中心，让孩子设计自己的游戏、卡通、动画，还有交互性，并且可以在网络上共享自己的作品，和全世界分享设计的快乐。Scratch直观、简单，不需要孩子记住那些难记的单词和代码。在这节课中，我将《小黑鱼》绘本与最流行的儿童编程软件Scratch相结合，采用"任务驱动"的教学方法要求学生结合绘本内容，设计绘本动画，收到了良好的教学效果。

一、激趣导入，提出任务

　　师：同学们，喜欢阅读绘本吗？

　　生：喜欢。

　　师：今天老师带来了一本经典的绘本《小黑鱼》，请大家一起阅读欣赏，在欣赏的过程中，请想一想哪些自己能制作，哪些自己还不会制作。（通过展示经典的绘本故事，提出了本节课的学习内容，激发了学生学习动画制作的兴趣。）

　　教师启动教师机上的多媒体教学演示软件，使学生机上出现教师机的画面，教师播放《小黑鱼》绘本PPT，让学生欣赏绘本故事，引入课题。学生欣赏奇异的海底生物，感受海底美丽的景色。

　　教师：请同学们谈谈欣赏此绘本的感悟。

　　生1：故事里小黑鱼好聪明，它带领着小红鱼摆成一条大鱼，而自己就当这条鱼的眼睛，用这个办法对付比自己强大的鱼。

生2：这本绘本的画面非常美，我喜欢小黑鱼遇到的海葵、海鳗、水母等。

师：为了简化同学们的设计任务，老师将这一动画分成8个场景，应该怎样用Scratch设计这个绘本故事的相应场景呢？

生1：我会设计第一个场景：小黑鱼在大海里孤独地游呀游。

生2：我会设计最后一个场景：它带领着小红鱼摆成一条大鱼，而自己就当这条鱼的眼睛，用这个办法对付比自己大的鱼。

生3：我会设计第二个场景，小黑鱼遇到了很多有趣的海洋生物，比如水母。

用Scratch设计绘本动画，学生以前从未接触过，而且涉及的知识面广且量大。对于这一教学内容，应采用教师引导、学生自主探究的方式展开教学。在作业布置上，结合学生学习能力水平不一的实际情况将学生分为8个小组，让每个学生根据自己的实际情况选择自己的设计作业。接受能力稍弱的学生，可选择第一个设计作业，比较简单；学有余力的学生，可选择第八个作业，既富有挑战性，又能发挥自己的创作才能，这样每个学生都有任务，都能得到发展（图1）。

图1

二、自主学习，分组创作

师：这个环节包括三个步骤。第一步是角色创作，请同学们演示进行角色创作的方法，各组同学可选择自己喜欢的海洋生物进行角色创作。

学生演示角色创作的方法，并创作角色。

师：下一步，我们要进行场景创作，请同学们来演示一下场景创作的方法。

学生演示场景创作的方法，各组学生选择自己喜欢的海底景色进行场景创作。

师：最后一步，我请一个同学演示一下给角色添加动画的方法，让绘本动起来。

学生演示添加动画的方法，进行动画创作。

学生通过互学、上机实践等方法掌握了动画的制作方法，学习Scratch软件的热情进一步得到激发。教师指导学生设计，让学生在设计过程中排除干扰，注意美感和创新，将学生的作品进行展示，并给予鼓励。这个环节培养了学生应用所学知识解决实际问题的能力、电脑绘画的能力、动手创作的能力。在这一过程中，教师始终扮演着引航者、指导者、组织者的角色，尊重学生的个性，以学定教，让学生在做中学，把课堂真正还给学生，让学生自始至终充分自主地学习。老师在学生上机过程中不断把一些先完成的学生作品展示给其他学生看，激励学生的探索精神和创作欲望（图2）。

图2

三、展示作品，师生互评

师：现在我们进入作品展示环节，同学们可以对各小组的作品提出评价意见。

小组1：我要展示的是场景1动画，请大家提出批评意见。

学生1：我觉得小黑鱼画得很可爱，它的泳姿惟妙惟肖。

学生2：我觉得小黑鱼游泳的路线太单一，应该把它在茫茫大海中游泳的孤独感设计出来。

小组8：我要展示的是场景8动画，请大家欣赏，提出批评意见。

学生1：小红鱼组成大鱼的过程很精彩！

学生2：多条小红鱼组成的大鱼很有震撼力，小黑鱼当眼睛很逼真，把大鱼都赶跑了，但是大鱼跑的动作要更快一点。

学生展示自己的作品，师生相互评价，交流心得，提出修改意见。学生相互欣赏作品，指出优点和缺点，相互学习，相互提高。学生在评价展示中收获了自信，收获了分享作品的喜悦，体验到了创作成功的快乐（图3）。

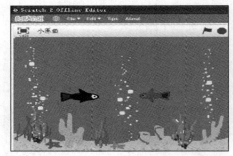

图3

四、修改作品，共同提高

学生根据刚才展示评价环节得到的修改意见进行作品修改，优秀的作品是经过反复修改才能创作出来的。学生在修改的过程中进一步加深了动画设计方法的认识，积累了设计动画的技能，为以后的创作打下了坚实的基础（图4）。

图4

　　《小黑鱼》绘本动画设计将绘本与最流行的儿童编程软件Scratch相结合，让孩子们排除干扰、克服困难，体验成功的快乐，体验创造的自豪感，使他们的学习动机进一步增加，从而以更大的热情投入学习。这节课为孩子们搭建了一个展示技能和创意的舞台，让学生在玩中学，在设计中提高，在创作中享受成功，在分享中感受幸福，孩子们成为学习、设计游戏的主人

课堂实践——学科融合打造创新型课堂

第二辑

教 学 创 新

——开创教学多元化智能模式

让课堂充满感性之美

——电脑绘画《画别母校》教学实录

林建庚

六年级，一个回忆、憧憬、收获和期待的季节，毕业之际，面对即将离开的母校，孩子们充满对小学生活的留恋和对未来的向往。通过本课的学习，营造一个感性的课堂，让学生用自己的作品留住记忆，表达情感，学会珍惜与感恩，并用字母艺术字设计表达对母校的爱。课堂设计以I LOVE FUMIN字母插画设计，通过小组合作学习形式进行创作。

教学过程

一、童年回顾

师：（播放背景音乐）今天是一个特别的日子，老师想请几位同学到讲台上，请面向全班同学。（三位同学走上讲台站好）

师：（播放课件，图1）请三位同学转过身看屏幕上的照片，能说出当时的时间和情景吗？

生：（余懿斐）我记得是二年级快乐体育日时广播操比赛；（鲍靖媛）那是学校举行"想唱就唱"英语歌比赛的情景，时间忘记了；（王宇轩）这是四年级时参加远程合作学习项目"生活中的秤"活动时的照片。

师：同学们的记性真好！谢谢，请回座位。是啊，6年小学生活即将结束，往日每一个瞬间依然记忆犹新，但我们是否知道6年间的变化到底是怎样的呢？（播放课件，展示学生不同年级对比照片，让学生感受成长的变化，见图1～图3）。

图1   图2   图3

师：（小结，播放课件，全班1年级入学照片，图4）时光匆匆，不知不觉6年时间倏忽而过，长大好像只是一瞬间，我们默默努力，编织梦想，用我们的童年造就美丽的校园。陈燕霞同学的诗歌《美丽校园》说出了我们的心里话，为母校做了一个完美的诠释，让我们一起轻声朗诵《美丽校园》吧（图5）。

生：美丽校园，成长摇篮……

   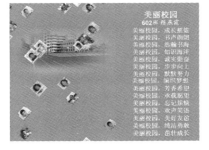

图4   图5

二、情感延伸

师：为什么同学们眼中的校园如此美丽？让我们一起感受往日曾经丰富多彩的校园生活，静静回忆，追寻成长的足迹，重温童年的快乐吧！（播放丰富多彩的校园生活的滚动图片，最后出现全家福和"I IOVE FUMIN"字样，背景音乐见图6和图7。）

图6   图7

师：同学们，其实FUMIN这几个字母中，隐含着一些神奇的密码，你们能猜出每个字母代表的是什么吗？

生：F代表For。

师：嗯，那有什么含义呢？（学生小声议论中）

生：我觉得F可以代表father，M代表mother，U是你，I是我。

师：说得真好，学校有你，有我，有爸爸妈妈，同学们的校园生活才会那么naive（纯真的、可爱的）（图8）。难道我们不应该一起说声"I love Fumin"吗？（展示课件动画，图9）

生：（齐读）I love Fumin。

图8

图9

三、知识拓展

师：缤纷多彩的校园活动，伴随同学们成长，你最喜欢参与的是什么活动呢？

生：义卖、篮球赛、科技节……

师：（播放课件，图10）童年就如这彩虹般绚烂，如果要你选择I love Fumin中的一个字母来表现校园活动，你想选择什么呢？又会用哪种颜色来装饰它？

生：我会选择字母O，因为我想把它变成红色的跑道，将字母设计成快乐体育日。

生：我选择字母L，因为L是love的第一个字母，我们学校是爱心学校，所有的一切都是从爱开始的。我选择绿色，它是生命的象征，代表我们蓬勃向上、茁壮成长。

生：……

师：同学们的想法都很有创意，每项活动和每种色彩都有自己的意义，我们曾经描绘过可爱的老师、同桌的你和美丽的校园，今天又怎样把我们对母校的留恋用字母进行设计呢？

生：学习课件颜色代表意义，思考、讨论设计方法（图10和图11）。

师：总结学生的方法，展示课件，演示字母设计步骤（图12）。

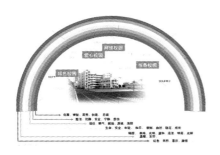

图10

图11

图12

四、创意体验

师：（课件展示作业要求，图13）同学们，今天我们通过字母设计，用画作为毕业告别母校的纪念，请你们画出最难忘的记忆，写下最想说的一句话。

生：各组讨论分工，组长协调小组成员任务分配，各组每人选择一个字母，并合作完成拼合I LOVE FUMIN。

1.请各组同学通过自愿选择和小组协调，分别选择字母进行设计，并打上最想说的一句话，将记忆留在画中。

2.各组请同学将字母组合成句子I LOVE FUMIN。

图13

师：请一位同学在白板上为我们设计一个感叹号，为小学生活做个精彩的总结。

生：开始创意绘画。

五、作品展评

师：同学们，请一起欣赏屏幕上同学的作品。介绍一下自己的作品好吗？

生：我的设计是以画板和电脑组成感叹号，代表我们学校电脑绘画特色，屏幕中飞翔的爱心，代表我们是网络校园、爱心校园，也说明我们享受快乐的课堂（图14）。

图14

师：电脑绘画让我们创意无限，请同学们自由发言，展示自己的作品。

生：我画的是爱心活动，将L设计成花篮，小女孩在采摘爱的果实。

生：我们是书香校园，所以我把字母T设计成学校的大树，画出早晨我坐在树下读书的情景。

生：我喜欢篮球赛，选择字母F作为篮球架，画出我们毕业班之间激烈的球赛。

生：我选择E，我想把它当成高高的书架，又像知识的阶梯，伴着我们成长。

生：我要把M设计成义卖的展柜，摆满书籍和玩具，画出我们为希望小学献爱心的情景。

生：……

师：（课件展示，图15）从同学们的创意作品中，往日的学习场景仿佛再现。看到同学们扎实和娴熟的电脑绘画能力，我也感受到大家内心对母校深深的爱，母校一定会好好珍藏你们的作品。

图15

六、课堂小结

师：（播放课件和背景音乐，图16和图17）我爱福民，这是每一位即将毕业的同学发自内心的话，同学们用画为母校交了一份满意的答卷，让我们在梅玥华作词作曲的毕业歌中做一个小小的告别，别忘了，福民永远是你的家，欢迎你们常回来！（师生告别）

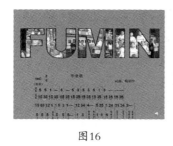

图16   图17

教学思考

  《画别母校》通过情感调动，让课堂充满感性色彩，学生被母校6年生活中那些记忆犹新的片段深深打动，从中体验到人性的美，伴随着轻柔的音乐和略带伤感的画面，宛若述说身边的故事；在教学内容上，融合了美术、信息技术、语文、音乐、思品和英语等学科，充分体现学生的多元智能和课程整合；在教学过程中，突出感恩这一核心主题，让孩子体会到珍惜和爱，贯穿养成教育；在教学方法上，以I LOVE FUMIN作为学习任务，通过小组合作学习，培养学生沟通、协调、合作等人际交往能力和团队意识，增强集体荣誉感；在个性发展上，学生根据自身兴趣和能力，选择力所能及的学习任务，尊重个性发挥，给孩子更大的施展空间和展示舞台，增强了他们的自信心，使他们感受到成功的快乐。

 专家点评

数字绘画创新案例分析
——兼评《画别母校》绘画教学

王心彤   江丰光   北京师范大学现代教育技术研究所

  《画别母校》这节数字绘图课程采用了合作式、情境式、启发式的教学方式，在启发学生学习数字绘图技能的同时，帮助他们掌握美术设计技巧。最重要的是，在学习学科基本知识的同时，还将课程内容进行了升华和提升，最后使学生在理性和感性上都能更好地认同教师传达的思想。这是新课标要求下课程整合设计的优秀案例。在感性认同的基础上，教师进行了一系列的启发式教学，同时，应用合作式教学方式，促进了学生的交流和理解，培养了他们的合作精神和合作意识，且在合作模式下将每个人的作品组成一个完整的绘画作品，可以使每位学生感受到绘画创作的乐趣，增强成就感和自信心。

一、合作式教学增强学习效果

合作式学习是以小组或团队为单位，学生为了共同的任务进行明确的责任分工的一种互助学习模式。以某一主题开展的学科教学可以由教师将任务合理分配给每个小组的学生，然后学生通过组内分工、互助，共同完成一个学习任务。这样的合作模式促进了学生之间的交流，每个人都可以学习并指导其他同学。在这个意见交换的过程中，学生的创作能力被完全地开发。合作式的任务模式可以提高学生的自我认识能力，发现并找到自己的不足，在学习的过程中不断认识自己、改变自己。本案例利用合作模式引导学生以小组为单位完成"I LOVE FUMIN"几个字母的创作。这让每位学生在合作小组中更有存在感，激发了创作兴趣，同时合作模式也监督了学生的创作进度，培养了他们协同合作的能力，这些都是新课标课程改革中所提倡的。

二、促进并培养学生多元智能

多元智能理论主要认为智能属于一种生物生理潜能，而多元智能是人类智能结构的一种全新理论。它包括以下七种智能：

（1）语言智能。主要指理解并应用语言文字的能力。

（2）逻辑-数学智能。主要指逻辑推理、数学运算以及科学分析等能力。

（3）音乐智能。主要表现在感觉、欣赏、演奏、歌唱，甚至创作音乐等方面。

（4）身体-动觉智能。主要指通过身体的各部分解决问题和创造产品的能力。

（5）空间智能。指对某事物进行观察之后，脑海里形成模型图像并能将其充分运用的能力。

（6）人际智能。指了解他人、与他人合作完成任务的能力。

（7）自我认知智能。是指了解自己并知道自己的能力。对学生多元智能的培养是现代社会对创新性人才的需要。现代社会不再是单一、固定的环境，而是多元、变化、不断竞争的自由环境。因此，对学生的多元智能培养可以辅助他们在未来的学习和生活中更好地适应社会。

本案例通过合作式的学习方式促进了学生人际智能和自我认知的培养；通过媒体的辅助实现了学生音乐智能的培养；通过情境探究式的任务启发培

养了学生的身体－动觉智能。在这样的学习过程中，学生既能享受多元的学习氛围，又能轻松地获得多元智能。

三、情境式探究激发学生情感共鸣

本案例中教师选材切合实际，利用毕业季的主题激发学生的情感共鸣，在教授理论知识以外，也让学生感受到人性之美、友谊之美、时光之美。并采用了课程整合的理念，在绘画、英文、音乐等学科的整合下，使学生形成正确的情感态度与价值观。对理论知识的传授属于教学的基本层次，对学生情感的培养和启发才是教学的难点。基于小学生理解能力较弱等特点，这样趣味化的设计可以让学生在理论学习之外，产生强烈的情感共鸣。另外，教学案例中丰富多彩的设计，让学生对课堂知识产生了更大的兴趣和好奇心，从而更加积极主动地去完成学习任务，学习效果明显改善。只有这样的高级认知层次才是素质教育的重点。

（转载自《中国信息技术教育》）

感受重复的美

——数字绘画课堂教学有效性的探索研究

罗 慧

在电脑绘画教学中，信息技术教师总是热衷于讲解绘画软件中各个工具的使用，从绘画角度来说，这样的教学方式会导致知识点零散，没有整体性，学生的绘画作品很多时候就不容乐观。为了让学生学会在电脑上绘制出优秀的作品，就必须从绘画层面入手，让学生切身感受到绘画软件只是实现绘画的一种工具。那么如何做到这一点？我们可以让传统的绘画步骤来决定绘画工具的学习。

教学基本过程与方法

一、创设情境，感受重复的美

师：生活中常常会出现一些有趣的排列现象，这些排列可以构成非常独特的画面。请大家欣赏一组图片。

师：（展示课件图片）叶子，花瓣的重复排列，动物纹路有序，有节奏的渐变。（展示课题）这些有趣又独特的排列叫做重复与渐变，这也是我们今天这节课要学习的内容。（教师板书，播放背景音乐）

重复的美使学生感受到强烈的震撼，教师有意识地引导学生感受重复的美。

师：同学们能不能举几个重复的例子并说说其特点？

师：钟摆左右摆动，白天昼夜，一年四季，等等；重复对象的形状、大小不改变；重复的对象是按一定的规律进行重复的……

教师及时表扬了同学们的精彩表现。

二、认知规律，深入探究

情景的创设是为教学内容做铺垫的，帮助学生掌握绘画创作中的美术知识点与创意表现，是本课教学需要达成的目标之一。

师：如果现在以一个单独的对象（造型）按一定的规律（秩序）排列起来，将产生一个很有趣和富有美感的图案。

老师马上展示重复的范图，这大大调动了同学们学习的兴趣。通过自己动手、动脑设计出心中最美丽的图案，尽兴地表现，大胆地创造，展示自己的聪明才智，学生的满足感是难以言表的。趁学生兴致正浓，老师要求学生设计一个骨格，骨格外形可以是正方形、长方形、平行四边形等（图1）。

 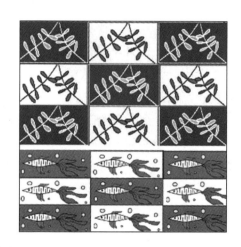

图1

接着，老师要求大家将各自得到的形状作为一个单独纹样，要求用复制的方法在已经设计好的骨格中按一定规律重复排列，只见同学们个个忙个不停，兴致勃勃地在电脑上操作。课堂上配以音乐作背景，轻松、愉快、有趣味性的课堂也就自然形成了。不到10分钟，一张张重复的图案完成了。

三、拓宽视野，创意分工

在师生共同感受重复的美后，用重复的形式表现我们的日常生活，激发学生的创作欲望。前面所有的感受美、发现美所做的铺垫，最终落实到创作美的过程中。

师：中国，有个美丽的地方，在青藏高原西南部，大家知道是哪里吗？（请学生回答）那就是中国的西藏。西藏有美丽的布达拉宫，有转经轮，随处可见那些藏民手中拿着一个经轮，不停地转动。向右旋转就相当于诵读经书。还有藏民漂亮的民族服饰。（观看视频）请大家注意图片上的纹路，请同学来说说哪些用到了重复和渐变。

教师展示有关西藏的图片，让学生感受民族特色美。

师：如果让你设计民族服装的纹路，你会想出什么样的好点子？

教师展示有传统纹路的图片，让学生的思路进一步拓展，激发头脑中的奇想。

学生分组讨论自己喜欢的纹路以及它代表着什么意义。在深入探究中，有的孩子能碰撞中创作的火花，应选择好自己将要绘制的图案，避免在实际操作中冥思苦想，浪费时间，失去创作的热情。

师：民族服装的魅力，激发了我们创作的热情。

我们将喜欢不同服饰的学生按帽子、鞋子、衣服分成三组，要求各组运用重复的方法设计不同的服饰。考虑每个组的人数安排，在尊重学生选择的基础上引导学生具有团队精神，创设一个兴趣相同的空间，让学生在和谐、愉悦、民主的氛围中探究。

三组学生各自围绕喜欢的服饰进行讨论，结合前面纹路设计等方面进行探讨，并讨论可以利用画图软件中的哪些工具，根据以上知识点进行服饰纹路的创作。让学生在共同探讨方法和规律的基础上发挥个体和团队的力量。

四、欣赏交流，共同提高

各组将设计的服饰上传到电脑绘画网站，组长与组员挑选服饰进行组合，创作出最好的作品在网页上展示（图2）。

图2

师：请在电脑作品的评论栏目写下本课学习的收获和思考，请各组根据学习评价表对本组同学参与活动情况进行科学评价。

认真欣赏每个合作小组创作的作品，学生逐步学会用美术语言和艺术观念表达自己的思想和情感，达到了提高审美能力和艺术素养的目的，并在创作过程中感受到合作学习的成效。

课后拓展作业：继续创作设计其他民族的服饰。

课后反思

《重复的美》一课原来的设计是将重复与渐变融合在一起来讲，后来发现内容分开有利于学生更好地掌握重复的内容，就将课题修改为《重复的美》。

本课与多媒体相结合，从重复形状的图片开始展示，让学生了解到重复的形。展开讨论之后了解到重复不一定是静止的，有可能是运动的，也有可能是一种现象，如音乐中重复的节拍、旋律，数学中数的循环，体育中的运动摆动，自然中的蜂巢、动物的脚印，挂钟的钟摆等。通过对生活中大量"重复"的图片欣赏、分析，了解"重复"的排列方式，体会"重复"带来的整齐美、秩序美，形象又直观。如果不借助多媒体，仅仅靠书上的图片，是远远不能满足学生的求知欲的，也不能让其体会到"重复"的美，不能体会生活中到处都有"重复"，吃的、穿得、用的，等等，无处不在！

让学生欣赏感受生活中的重复的形之后，还要让学生为生活中的常见物品设计重复的形，培养学生把所学知识运用到生活中的能力。学生完成了简单的重复画面设计之后，接受更高的挑战，开始尝试设计民族服饰中重复的纹路，学生的学习不再是教师"满堂灌"下的机械重复、简单回忆，而是自己观察、发现、创作的过程。从学生个体活动到小组合作学习，由合作团队根据自愿的原则和难易程度选择适合自己的学习任务，并发挥集体智慧解决小组之间个体差异问题，整个课堂活动在和谐愉悦的氛围中进行。不足之处是在教学中还可以让学生带一点生活中相同形的物品，如牙签、夹子、硬币等，让学生现场拼一拼，摆出重复的形，这样更容易出效果。

《重复的美》一课，将信息技术与美术跨学科整合，并通过网络环境进行成果展示与分享。让艺术走进生活，个性发展与团队意识结合，信息技术与美术课程整合，让课堂充满活力，学生发挥无限创意与潜力（图3）。

图3

接力画绘本，联手创梦想

——自创绘本《黑天鹅与小红球》教学漫谈

郭憬思

　　绘本，是在我们生活中非常受欢迎的一种读物，是儿童教育最好的方式之一。在百度百科中是这么为其定义的：英文称PictureBook，日文用汉字为"绘本"，顾名思义就是"画出来的书"，指一类以绘画为主，并附有少量文字的书籍。

　　绘本不仅是讲故事、学知识，还可以全面帮助孩子建构精神世界，培养多元智能。绘本图书与普通图画书的区别在于绘本图书通常有独立的绘画著者，图画有个人风格，画面即情即景，可单幅成画。绘本是发达国家家庭首选的儿童读物，国际公认"绘本是最适合幼儿阅读的图书"。

　　孩子们平时都阅读了大量的绘本，但是恐怕从未自己画过。那我们能不能让学生用自己平时所学的电脑数字绘画技术，在团队合作的框架下，一起自主探究、合作完成一本绘本故事的创编呢？带着这个想法，我设计了这样一堂课。

教学基本过程与方法

一、提出问题，引起好奇

师：同学们，你们平时看过绘本吗？

生：看过。

师：你们有看过关于天鹅的绘本故事吗？

生：《丑小鸭》《天鹅姑娘》……

师：老师这里有一个关于天鹅的绘本故事，是你们都没看过的，我们一起来看一看这个绘本——《黑天鹅与小红球》（图1）。

图1

师：看完我们的这个绘本，它和你们平时看到的绘本有什么不同？

生：只有字，没有画。

师：对，就是只有字，没有画。你们知道故事里的画都在哪里吗？

生：不会是要我们来画吧？

师：太聪明了，就是要我们大家一起来完成。

展示封面与只有字没有画面的故事内页，引发学生的好奇心。同时也告诉他们这节课的目标和任务是什么，并回答最后结局提出的问题，引发思考。

二、结合传统，推陈出新

师：看看我们封面上的小黑天鹅，谁能看出，这是用了我们传统绘画中的哪种画法？

生：国画。

师：非常好，就是国画，你们平时有画过国画吗？谁知道传统的国画要用到哪些工具？

生：文房四宝——笔墨纸砚。

师：是的，可是老师这只小黑天鹅可不是用我们传统的文房四宝画出来的，而是用我们的电脑绘画工具画出来的。看，老师是这么画的。（播放微课——《如何画黑天鹅》，图2）。

图2

三、多种形式，探究学习

师：大家看，有没发现天鹅的形态特别像我们数字里的——

151

生：数字2。

师：天鹅除了这种形态还有别的样子吗？我想请几个同学上来给老师演一演。

学生上台合作表演迷你舞台剧《两只小天鹅》（学生分工合作，一个学生负责读旁白，两个学生负责用双手演天鹅的头和尾，另外两个学生负责用头演天鹅的身体，图3）。让学生们在欢笑中知道，天鹅的动态是非常灵活、多变的。

图3

师：看完刚才的表演，谁能上来给我们画一画天鹅的不同动态？（引导学生上台，画出天鹅的各种动态）

四、欣赏作品，学习大师

欣赏吴冠中等国画大师的黑天鹅，提高学生的审美情趣，开阔眼界，让学生从我国的传统国画艺术中吸取养分（图4）。

图4

五、分组合作，绘本接力

公布作业内容，各小组派代表上来抽签，每个小组根据抽到的签号，画出对应的那一页内容，并给出天鹅的动态作为参考（图5）。

绘本接力！

- 要求：
- 用国画画法画出你们小组所抽到脚本，画面只用黑、白、红三色。
- 命名方式为班级姓名组名，如：44张子涵第6小组
- 画好后另存为JPG格式，并上传给老师。

图5

绘本故事脚本:

1、早晨宁静的湖边开满了小花，一只孤单的黑天鹅发现湖边的草丛里发现了一个红色的小球。

2、红色小球可真漂亮！孤单的黑天鹅把它当做自己最珍贵的宝物，走到哪都带着。

3、有一天，孤单的黑天鹅突然发现红色的小球不见了，它急得都哭了。

4、一只小兔子听到哭声跑过来，掏出一颗鲜红的圆嘟嘟的萝卜问"这是你丢的小红球吗？送给你！"

5、两只小老鼠听到哭声跑过来，举着两颗鲜红的圆嘟嘟的草莓问"这是你丢的小红球吗？送给你！"

6、三只刺猬听到哭声跑过来，顶着三颗鲜红的圆嘟嘟的小苹果问"这是你丢的小红球吗？送给你！"

7、四只小鸟听到哭声飞过来，衔着四颗鲜红的圆嘟嘟的樱桃问"这是你丢的小红球吗？送给你！"

8、虽然黑天鹅没有找到小红球，但是它找到了_____。

图5（续）

六、串联绘本，展示成果

将学生们的作品编入对应的PPT页面中，为学生们播放展示（图6）。

图6

师：这节课，我们通过小组合作的形式一起完成了一部绘本的创作，老师希望下一次你们能够运用自己所学到的电脑数字绘画知识，将自己身边发生的事情也通过绘本的形式记录下来！这节课上到这里，谢谢大家，下课！

课后反思

这节课我选取的一个很传统的主题——国画天鹅，但是用了一种全新的方法来进行教与学。我们传统的国画绘画中，需要用到笔墨纸砚等工具，比较烦琐，恰好"奇奕画王"中有仿毛笔效果的工具，它除了可以画出与传统国画相似的效果，还可以很简单地实现多层墨色重叠、重画上一步、快捷改变颜色等传统国画所达不到的效果，能让学生体验到与传统不同的绘画方式，丰富学生的学习体验。

在教学设计上，我为学生搭好了一个大框架，让学生主动地通过各种形式去认知、学习、合作、构建，主动掌握知识，发挥想象力，培养他们的创造性思维，并注意培养学生对传统文化的热爱，开阔眼界，提升他们的艺术品味。

但是这节课也有许多不足之处。首先，作为美术课，在PPT的设计上没有做到尽善尽美，给学生一个更美的视觉享受和美的熏陶。其次，下次可以尝试用学生自己创造的故事作为题材，会更加有趣。最后，展示的时候没有展示出所有学生作品，下次可以让小组之间相互合作，将作品合成八个不同版本的绘本故事，让所有学生的作品得到展示。

诗情画意解读小学数字绘画教学

——《诗情画意》教学案例

向冬梅

　　小学数字绘画教学应注重对学生审美情趣和创造能力的培养，同时也应突出数字绘画的创作方法不同于传统绘画的特点，彰显出这种现代新型绘画方式的优点。绘图软件里的某些线条工具可以提高初学者对线条精准控制的能力，调色板工具可以帮学生轻松地体验色彩的细微差别以及不同色彩带来的视觉效果，复制功能可让图形的重复变得简单，利用撤销工具可以快捷地更正错误。这些都是数字绘画比传统绘画更吸引学生的原因。在我的课堂上，尤其注重突出数字绘画的这些优点。只有这样，数字绘画的教学才能和传统美术课堂媲美并存。

　　Windows自带的画图软件是数字绘画的入门工具，简单易学。曲线工具是画图软件中一个非常重要，也是比较难掌握的工具。因为它的操作截然不同于学生以往用铅笔在纸上绘制曲线的直观方法，而是要通过几次变形来得到想要的曲线。虽然比较难以掌握，但它能很好地解决学生用鼠标轨迹直接画曲线而经常出现的线条走样或出毛刺的实际问题，让新手也能得心应手地绘制出各种流畅的曲线。

　　学会了绘画工具，还要选取学生感兴趣的创作主题，这样才能激发他们创作欲望。结合三年级学生们的语文教学，充分发挥中国传统文化的诗画融合的特点，我设计了一堂给唐诗配画的的数字绘画课——《诗情画意》。这是一节美术、语文、信息技术多学科融合的创作课，让学生在《诗情画意》这一浓郁的传统文化氛围中，轻松愉快地欣赏感受和表现诗歌意境，在此基础上创作绘画作品，更进一步认识诗歌与绘画相融合的关系。

教学目标分析

知识与技能：欣赏感受诗歌意境，能够灵活自如地运用曲线工具进行美术造型，表现诗歌的意境。了解构图、色彩在美术创作中的作用。

情感态度与价值观：激发学生对生活的细致观察，以及对大自然和美术创作的热爱。引导学生热爱唐诗这一中国传统文化精髓，培养学生为古诗配画的绘画兴趣。

学习者特征分析

目前学生已能熟练运用鼠标进行操作，掌握了画图工具的使用方法，非常爱在画布上涂鸦，在语文课上也学习了不少优秀的唐诗，并且热爱朗诵诗歌。这些都为本节课利用"曲线"工具为唐诗配画提供了良好条件。他们喜欢新鲜，富有想象力，敢于大胆尝试，这些都是对教学有利的积极特征。

教学过程

一、看图猜诗，激趣导入

师：同学们，你们喜欢唐诗吗？

生：喜欢！

师：老师也非常热爱唐诗。唐诗是我国传统文化中的瑰宝，它读起来像一首歌，品起来像一幅画。下面我们就来做一个猜画谜的游戏。看这几幅图，你能猜出来它表现的是哪首诗吗？（出示3幅图片）

生：《草》《望庐山瀑布》《绝句》三首诗歌。

师：看来同学们果然是非常喜爱唐诗，这么快就都猜出来了。谁来说说，你是如何从画中读出诗来的？

一个学生指出每一幅画点题的关键之处，以及画面中哪些素材使自己联想到哪句诗。比如由"大火"和"草原"联想到"野火烧不尽，春风吹又生"。

师：你的观察可真仔细，也说明你对唐诗很熟悉！通过刚才的看画猜诗，我们感受到了画中有诗，诗中有画。难怪有人说"画是无声的诗，诗是有声的画"。今天我们也来领略一下唐诗的美不胜收，用鼠标绘出我们心中的"诗情画意"。（课件展示课题）

二、丰富联想，活用工具

师：我们可以用我们这学期刚学会的Windows画图软件进行创作。老师特别向你们推荐画图软件中的"曲线"工具，利用它可以又快又好地画出各种形状的曲线，而且线条流畅。有了这个法宝，你们就不用担心在使用"铅笔"工具画曲线时，由于对鼠标轨迹掌握不好而画出抖动不平的线条了。前期我们学习了利用"曲线"工具可以画出三种类型的曲线，同学们也已掌握方法。下面请你们小组内讨论，观察一下周边的生活景物，想一想，说一说，用一弯曲线、两弯曲线、闭合曲线分别可以画出什么事物。

学生分组讨论，汇报他们的发现：

一弯曲线（图1）：山、彩虹、月亮、碗、小船，小桥、香蕉、小草……

图1

两弯曲线（图2）：S形花瓶、飘扬的红旗、弯曲的小路、树枝、头发……

图2

闭合曲线（图3）：树叶、小芽、烛火、花瓣、气球……

图3

此处老师要注意引导学生区分闭合曲线与椭圆形。

学生的思维在丰富联想中得到了拓展，他们已经认识到利用曲线工具画出的不再是单调刻板的三种曲线类型，而是富有生机、活灵活现的大千世界，建立起了从曲线到景物的有机联系，为下面的创作打好了基础。

师：你们的想象力真丰富，马上联想到这么多景物，这说明你们在生活中是细心的观察者。

三、吟诗赏画，审美熏陶

师：老师朗诵一首诗，你们闭上眼睛想象一下诗里的画面。

床前明月光，疑是地上霜。举头望明月，低头思故乡。

请学生回答。

师：大家都回答得很好，同一首诗，不同的人对它会有自己独到的理解和感受。想看看刚才的诗句变成画的样子吗？（课件展示《静夜思》的画面）

师：你喜欢这幅画吗？为什么？如果你来画这首诗，还有哪些独特的创意？

请学生发表意见。

师：下面再听老师朗诵一首诗，《咏鹅》。你的脑海中出现了一幅怎样的画面？画面的主体是什么？背景是什么？请小组内互相交流。

请几个小组代表回答。

师：（课件展示《咏鹅》的画面）请看，这幅《咏鹅》的诗配画（图4），画里哪些景物是诗里提到的，哪些是诗里没提到，由画家想象出来的？

生：诗里提到了鹅、清波。画家又想象出柳枝、蝌蚪、荷叶。

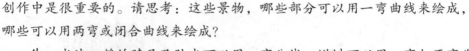

图4

师：由此可见，丰富的想象在美术创作中是很重要的。请思考：这些景物，哪些部分可以用一弯曲线来绘成，哪些可以用两弯或闭合曲线来绘成？

生：水波、鹅的脖子及肚皮可以用一弯曲线，蝌蚪可以用一弯加两弯曲线，柳叶可以用闭合曲线。

师：看来你们已经有一双火眼金睛了，能识透自然万物的曲线造型。

师：只会画局部的个体还不够，还要全盘考虑它们在画面中的布局，这样才能画出一幅优美的画。请小组内讨论，以《咏鹅》为例，说一说如何给古诗配画。

师：（启发学生）先参透诗句，根据诗意确定画面主体，并重点描绘，画大画细，再添加相关背景和陪衬物使画面变完整。在构图时要体现近大远小、前后遮挡的关系。画面的色彩要烘托出诗中表达的情感。

师：请同学们一起来欣赏老师收集的古诗配画（图5），感受唐诗里蕴藏的浓浓诗情画意。（课件展示多首古诗配画，如《山行》《小池》《咏柳》等。）

图5

四、交流碰撞，自由创作

师：欣赏完了这么多美丽的诗画，你们一定也等不及要给自己最喜爱的唐诗配画了。老师选取了几首你们学过的诗，请同桌之间互相说一说，自己最喜欢哪首诗，这首诗想表达的是什么意思，你打算画些什么来表达诗中的意境。（这几首诗有《咏柳》《晓出净慈寺》《望天门山》《小池》。）

学生简单交流之后，开始创作图画。

教师播放背景乐，营造轻松而古典的气氛。

教师关注学生的创作进度，解决软件操作的个别问题，帮助学生理解诗意，在构图、造型等方面给予建议。

五、作品展评，总结拓展

教师选取几幅表现同一首诗的画，请同学们从不同方面来评价：哪张更美丽？哪张更符合诗意？哪张最有独特的创意？

采用多元评价标准，激发学生的各种审美力、理解力、创作力与想象力。

师：这节课我们用自己喜欢的绘画工具为古诗配画。中国画和古诗都是我们的国粹艺术，有着悠久的历史，老师希望同学们通过这一课能爱上这份诗情画意，传承我国的优秀传统文化。

教学反思

《诗情画意》这节课以学生爱朗读的唐诗作为创作题材，让学生展开联想，用电脑绘画重现作者当时所见的景色，与古人来了一场跨越千年的隔空交流。这节课成功地实现了多学科融合教学的目标。教学设计从看图猜诗开始，到曲线的应用，再到美术创作方法，环环相扣，循序渐进，旨在提高学生采用技术手段实现数字绘画创作的能力，同时注重美术欣赏能力与创作能力的培养。学生在创作时学会了理解诗意、参透诗句才能将画面表现得淋漓尽致，锻炼了语文思维能力。诗是无形的画，画是有形的诗，诗画交融更能产生一种新的意境，使学生进一步认识诗歌与绘画相融合的关系，提高了学生对美好事物的发现能力与表达能力。学生在欣赏交流中学会了取长补短，在自由创作中体验到了创造美的快乐。

充分利用Flash，激发学习兴趣

——《秋天的树叶》教学案例

谢燕芳

（1）教材：深圳市中小学信息技术教材小学版。

（2）学习内容：元件的概念与作用，学习制作元件，并把它应用到相应的动画中。本内容可作为一堂Flash初学者的教学课，亦可用于对已接触过Flash软件，尚未学习有关元件内容的学生的教学，是一节可移植的课例。

学生分析

深圳市小学从三年级开始开设信息技术课程，先学习"计算机使用入门"和"用计算机画图软件绘画"两个主题。绘画对孩子们来说是一件有趣的事情，孩子们在绘画中可以发挥自己的想象力和创造力，电脑绘画更是让孩子们着迷。软件中各项奇妙与强大的功能让孩子的想象力插上翅膀，创造出奇迹般的绘画彩虹。Flash是一款动画软件，它的绘画功能比三年级学习的画图软件功能强大，孩子在学习这款软件时可以运用过去学习的知识完成作画，也可通过学习新知识体验绘画带来的新乐趣。

设计思想

为了落实新课程标准下小学信息技术教育教学的任务，在教学《Flash的库与元件》的过程中，根据信息技术学科的几个鲜明特点，立足于"小学生主动参与"这一本位，采取多种策略，培养学生的信息技术水平，以及乐于探究的学习精神。

在40分钟的课堂里让50个学生都有所获，我们应该怎么做呢？说教早

教学创新——开创教学多元化智能模式

第三辑

已被否定了，让孩子参与是让孩子收获最多的方式，给孩子一个独立思考的机会，不能帮孩子把问题分析得透彻，更不能让孩子"照葫芦画瓢"，这样的课后作品虽然"丰富"，但孩子只是动一动手，没有一丝的思考。这是变相的"填鸭式"教学。如果能让孩子在课堂里受到挫折，而这个挫折能让孩子静下来思考"什么状况"，"怎么办"，犹如网络游戏中，要想找到终极Boss，势必要在一路艰辛的升级中思考自己的状况和要达到目的的方法。游戏能让孩子无师自通，是因为游戏有趣，吸引孩子。而我们的课堂要让孩子静下来思考，那课堂必须是有趣的，能吸引孩子。信息技术课堂是一门工具课，它发展迅速，与我们的生活又是如此息息相关，课堂的趣味性设计是信息课程设计首先要考虑的。

教学目标

（1）掌握元件的概念，能够区分元件与场景的编辑状态。

（2）明确并体会元件在软件中的作用。

（3）分析画面，并在绘画中灵活的运用元件，能利用元件把烦琐化为简单的绘图。

（4）能把想法表达出来，与人分享绘图的心得。

教学重点、难点

（1）教学重点：学习与制作方法，形成元件与库的概念。

（2）教学难点：场景编辑状态与元件编辑状态的区别。

教学过程

一、感受元件的神奇（师示范）

师：秋天到了，秋风扫落叶，有一幅画是画夏天的景色，现在我要把它瞬间变成秋天的感觉。请同学们见证这一奇迹。

（操作）利用元件改变景场的景色（图1）。

图1

生：自己动手操作，感受元件的魅力（图2）。

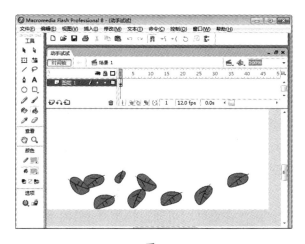

图2

二、元件的概念

师： 在刚才的操作中，用到了Flash的元件。那么什么是元件呢？

（1）元件就是放在库里的东西，需要的时候，把它从库里拖出。

（2）如没有从库里拖到场景，元件在测试影片的时候是不可见的。

（3）我们可以只改变在库里的元件，它在场景中用到时也会随之变化。

师： 例如，刚才的绿叶变成金黄的叶子，除了改变着色外，还可以有其他的变化，例如以下改变。（举例操作说明）

三、画一个树叶的元件（自主学习微课）

师： 今天我们的主题是秋天的叶子，用叶子装扮秋天的画面。关于树叶，你知道有哪些形状吗？创建一个元件，画出你喜欢的树叶。请大家观看"创建元件"的视频，学习建树叶元件。

学生通过学习微课视频，自主操作完成第一个任务。教师巡视课堂，了解学生的学习情况。

四、欣赏用各种树叶装扮的秋天的意境

（1）从库里拖出元件装扮画面（五彩的树叶与由树叶创建的树枝），为学习两个微课做准备。

师： 我们画出各式各样的树叶后，如何去装扮秋天呢？请大家看看。（强调元件与场景的编辑状态）

（2）欣赏图片。

五、学生创作画（自主学习）

微课学习：

（1）各种各样的树叶。

（2）元件的嵌套（树枝）。

本课准备了"创建元件""多彩多样的树叶""创建树枝（元件嵌套）"微课视频。而"创建元件"微课视频是本课中要求掌握的基本内容，学生可根据自身的情况观看其他微课视频，拓展知识。

微课视频作为本课堂的一个亮点，为学生提供了一种全新的学习方式，同时也带来了一些问题。就本课堂而言，由于视频中老师的示范会影响学生的创作，大多数学生会模仿视频中老师的树叶画法，以致最后的作品中大多数树叶是同一样式。因此在设计时可通过技术避免学生形成思维定势。

六、欣赏与评价作品（图3）

图3

七、拓展：秋天的叶子动起来

师： 当我们让树子动起来，秋天的意境就更生动了，请欣赏以下动画作品。下一节课我们再一起玩玩动起来的树叶（图4）。

用学生上交的作品做一个小动画，让孩子们欣赏到自己作品的变化，愈发产生对Flash软件的兴趣，为后续的学习做好铺垫。

图4

（1）开门见山，激发学生的积极参与。

课前，学生积极参与"牵一发动全身"的操作，直观感受元件的特点。

新课堂的培养目标，是培养会学习的人，培养创新型人才。信息时代，知识呈几何级数增长，知识是无穷的，知识是学不完的。必须学会怎样去学习，也就是自主学习。从情感上愿不愿意参与教学可以说是衡量自主学习的标准，愿意学习就是积极学习，在积极的情绪状态下学习效果最佳。

（2）微视频——自主探究学习。

微视频是课堂教学的有效补充形式，不仅适合于移动学习时代知识的传播，也适合学习者个性化、深度学习的需求。微视频短小精悍，可能是一个议题，也可能是一个重点，都是针对学生学习中的疑难问题设计的，非常适合学生自学。

微课程带来完全不同的感觉：它调动学习对象的所有感官参与学习，包括视觉、听觉等，精巧、短小、自由、实用、高效；可随时随地播放，遇到问题马上可以找到相关微课程；内容上针对性强，富有启发性；形式上生动活泼，极富吸引力。

它适合不同的学生，视频播放快慢可调节，不同程度的学生可根据自己的基础和接受程度控制视频的播放。由于视频可以反复播放，那些平时反应慢又羞于发问的学生也可以从容地反复观看。

（3）作品欣赏与评价。

在学生作品的欣赏与评价环节中，可更多地让学生进行自评与互评，减少老师的评价，让学生有更多的学习与思考的机会。

教学创新——开创教学多元化智能模式

第三辑

Flash数字绘画课堂教学设计与探索

——《大海里我最大》教学案例

谢燕芳

孩子天生对绘画感兴趣，绘画是孩子独立表达自己思想最直接、简单的一种手段。三年级学生的纸上绘画经验应该是丰富的，但把鼠标当作笔进行绘画，对他们来说应该是一次新鲜的体验。

画图软件是一个入门级的绘画软件、简单、易上手、工具的选项少，孩子们自己摸索并可绘出一幅完整的画。信息课老师对一些绘画工具进行讲解，改变孩子在传统绘画中的贯用操作，为孩子的绘画增添不少的想象力。

孩子熟悉画图软件后，作画时体验到绘画软件不能满足绘画要求的一些局限性操作（如撤销的次数问题，曲线不尽如人意、放大与缩小后失真等）。

绘本《大海里我最大》讲述了在大海里生活的一只大王乌贼的故事。它坚定地认为自己是大海里最大的生物。可是有一天，他被一种比它大得多的生物——鲸鱼吞进了肚子。开始，它有点沮丧，可是它马上又发现，它可以继续洋洋自得，因为在鲸鱼的肚子里，它是最大的。

故事绘本，无论从故事的内容，还是从画面上看，都是简单、纯粹的。但它可以给孩子更多的思考与想象。

让孩子想象海底生物乌贼，洋洋得意的样子，并通过绘画技巧表现出来为了更好地展现绘画技巧的表现力，我们引入新的软件——Flash。它与画图软件相似，但功能更强大。我们先从最简单开始——认识界面。把界面变成最简单的，与画图软件相似的状态。这样可以减轻孩子们对新软件学习的恐惧心理。并通过动手实践调整软件的界面，了解对软件界面的操控，能增强孩子们学习的信心。

运用知识迁移法学习新软件。

知识迁移是"一种学习对另一种学习的影响"。在学习连续的过程中，任何学习都是在学习者已经具有的知识经验和认知结构，以及已获得的动作技能与习得的态度等基础上进行的。这种原有的知识结构对新的学习的影响形成知识的迁移。

孩子在学习新软件中，通过知识迁移的方法，既能较快地掌握新软件的技巧和明白软件中的通用性，同时也自己从中感受到不同软件中的区别与优点，更好地不同软件的优点来完成自己的绘画。

一、引入

师：孩子们，今天老师带来了一位新朋友，乌贼同学，我们掌声欢迎！请它自我介绍。（有声绘本故事音频配上绘本图片）

师：同学们，你们觉得这只乌贼怎样呀？

学生自由回答。

二、介绍乌贼

师：孩子们，乌贼是一只乐观的小动物。虽然会遇到挫折，但它没有被打败，总能看到自己的优点，总能这样乐观，从不沮丧。我们先来了解这只大王乌贼是何方神圣。

（展示幻灯片，包括乌贼外观与结构图、乌贼的简介）

（一）乌贼简介

头、躯干和两长八短的腕足（图1）。

（1）名称：乌贼，又叫墨斗鱼或墨鱼，是软体动物。乌贼遇到强敌时会"喷墨"逃生，因而得名。

（2）乌贼的皮肤中有色素小囊，会随其"情绪"的变化而改变颜色和大小。

（3）乌贼会跃出海面，具有惊人的空中飞行能力。

（4）它是一只生活在大海中的生物，最大的大王乌贼身长80米，体重50吨，是深海中的无敌霸主。关于它还有很多的传说。

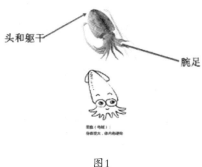

图1

教学创新——开创教学多元化智能模式

第三辑

（二）图片的欣赏

师：下面我们来看看海底里形态各异的乌贼吧！（幻灯片播放，图2）。

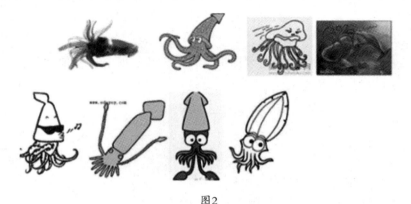

图2

三、新软件的学习

师：今天我们就来画画这只可爱的小乌贼，画出它在海里快乐的自由自在的游玩，画出它与海里的朋友一起尽情玩耍，画出它所说的"大海里它最大"的画面。

（一）界面的操控

1. 教师示范教学

师：哇，我们打开这个软件，看，这个软件比起我们学习过的画图软件可复杂多了，可是老师有办法让它变得简单点，让它像我们的画图软件那样。我们把菜单栏中的"窗口"下所有打√的都点击去掉。就剩下一张绘画的白纸了，我们画画需要的工具也藏起来了。我们再回到菜单栏中把它找出来。

2. 学生操作，整理软件的界面

［设计意图：Flash界面与画图比较起来复杂得多，对界面的认识与操控对初学者来说是最重要的一步，为了让孩子消除对新软件的"恐惧感"，在使用软件前，先让孩子们学习操控，把不需要的窗口关闭，使得界面与画图更接近（图3）。］

（二）工具栏的认识

熟悉工具栏与本节课需要用到的新工具。

设计意图：利用软件的通用性让孩子们先去

图3

寻找熟悉工具，并把常用工具的功能通过示范介绍给孩子们，让孩子们有一个直观的认识（图4）。

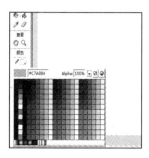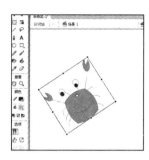

图4

（1）**师**：打开它的logo，看看它的样子，它也有工具栏，只是颜料盒好像没有了，只看到一种颜色。其实它只是放好了，露出个小脑袋告诉我们"我在这"。当我们点击的时候它们全都排着队出来了。居然有两个颜料盒，一个是线条边的颜色，一个是里面填充的油桶的颜色。

再看看这里的工具栏，有哪些是我们认识的呢？（直线、圆、正方形、铅笔、橡皮擦、小吸管、油桶）

（2）**师**：那选择工具在哪呢？它这么重要，没有它，我们就不能选中想移动的东西了。呵呵，有的同学猜出来了，就是最上面的这个箭头。其实当我们把光标放在这个工具上，就会显示这个工具的名称。我们已经是三年级的学生，有一定的理解能力，看着这个名称就大概知道它有什么用了。这个选择工具还有一个神奇的魔力，来一起看看。画一个椭圆形，把光标放在这个椭圆的边上，这时光标的后面突然跟上了一个小弧形，这时我按住鼠标拖动，这个形状就像一个橡皮泥那样，任意地变形。

虽然没有曲线工具，但是它的选择工具就是一个小魔术棒，当它后面跟着小弧线尾巴时，它能随意地弯曲线。直线也可以这样。所以这个软件里没有专门曲线工具的。

（3）看看这个工具是什么。（任意变形工具）这会是什么呢？猜猜看。

来，我们来试试，变形，还是任意的，哗！把光标放在边上的小方块上，光标就变成了双箭头，拉动就可以变大变小，变细

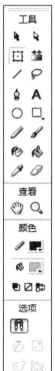

图5

变扁。再看看，把它放在边上，鼠标变成一个小弧线，就可能任意地旋转了。真是一个任意变形的工具呀。

小乌贼这次想在海里变大就轻而易举了。

下面我们就用这个新软件来画一个大海里最大的"小可爱"——乌贼吧。

四、作画

（1）要求：乌贼身体分为头、躯干、腕足三个部分。

（3）表现出乌贼"在大海里最大"：可以画大一点，可以通过与其他的小动物对比……

注意：构图应饱满，大小、疏密应适宜。

五、作品欣赏与评价

同学点评与老师点赞结合（图6）。

图6

六、拓展

欣赏Flash动画，进一步了解Flash，让孩子对Flash产生更加浓厚的兴趣，为以后的学习打开主动参与的门。

师：Flash是一种功能非常强大的软件，我们在网上看到的动画，有很多是用Flash制作出来的，下面我们来欣赏一些Flash动画。

这么强大的软件，我们今天的学习已成功开启了第一步，我相信，在以后的学习中，通过我们的思考与努力，也一定能制作出一幅幅令人赞叹的动画。

　　三年级的孩子刚接触"计算机使用入门知识"与"计算机画图软件绘画"的学习，还未形成较好的知识概念，大多数孩子对绘画软件的熟悉程度还不够。此节课可让孩子们有针对性地"自学"，对绘画软件已非常熟悉的孩子可以直接将其作为Flash绘画的"开门课"。

数字绘画创语境，画中有话更有情

——*Animals I like* 教学案例

李军超

多元智能理论是由美国哈佛大学教授Howad Gardner所提出的。他认为每个人都有语言智能、逻辑数学智能、视觉空间智能、身体运动智能、音乐节奏智能、人际交往智能、自我认知智能、自然观察者智能八项天赋智能。该理论突破传统的以"语言"和"数理"为核心的智力观，强调每个人都拥有多种彼此独立的智力，以不同组合表现出个体间智力的差异。

上海教育出版社的小学英语教材借鉴了多元智能理论，基于这种理论，语言教学不仅要教语言，而且要促进学生的全面发展；不仅"通过多元智能而教"，把多元智能作为工具，实现语言学习的目的，而且"为多元智能而教"，促进学生多元智能的发展。

Animals I like 的教学设计基于电子书包课堂，尝试通过听、说、演、唱、做、画、写等多种活动方式，发挥学生的特长，实现语言学习和学生多元智能发展的双重目的。尤其是通过学生绘画作品来展开语言教学，提升了学生的学习兴趣。绘画对学生的观察力、想象力和创造力的培养非常重要。传统的手工绘画需要准备大量的工具材料，并且课堂创作会占用一定的时间，势必会大大减少语言操练的时间分配。本节课就力图将电脑绘画和英语语言学习进行跨学科整合，为孩子创设英语语境，促进孩子多元智能的发展。本节课通过引入绘本，引导学生自己编辑创作绘本，用多媒体画图工具进行简单绘画，从而为后面的"说作品"这一任务铺设道路，使学生的语言活动建立在真实有趣的语境之中。

一、歌曲激趣，自然入题

载歌载舞的26个字母操既可"热身"，又能创造英语课环境，调动气氛，也能把学生的思想注意力带到课堂中来，同时也发展了学生的身体运动智能和音乐节奏智能。利用这歌曲课件中出现的大量动物图片（图1），可以自然过渡到本课主题——animals：

师：Let's sing and dance.（播放字母歌课件）师生同做。

师：What a nice song! What animals can you see in the song?

生1：I can see...

生2：I can see...

师：Do you like animals? What animal do you like?

生1：I like...（引出标题 Animals I like）

图1

二、旧词新句，生生互动

对核心句型和单词要不断地强化操练，在多媒体课件的帮助下，可以使学生区分单数和复数名词用法，并知道用they去指代复数名词。任何语句的输出都是在一定的语境中产生的。只有放在特定的语境中，语言才有意义，学生才能掌握理解语言的运用。猜谜语是学生最感兴趣的活动之一。通过猜谜语，描述动物特征，让学生去猜动物，学生感知了核心句型What are they? The are……

师：（展示课件）What are they?

生1：They are……

师：What can they do?

生1： They can……

师： 展示其他动物图片，要求学生之间进行对话练习。

生1： What are they?

生2： They are……

生1： What can they do?

生2： They can……

学生通过给出的图片，看图说话。运用曾经学过的词汇（sing，dance，ride a bike，swim），自然放在新句型They can……中，旧词新句，灵活运用。

师：（播放课件，展示描述动物的句子）What are they?

这里教师特意用了多个相同动物，让学生去理解复数的用法。学生再次体会They are…They can…的用法和意义（图2）。

图2

三、轻松歌谣，节拍练习

音乐智力型的孩子可以借助节奏与旋律来学习。常看到听歌学英语的方法，这种方法适合这种智力类型的孩子。对这些孩子，用别的方法学不会的句子或单词，通过唱歌与打节奏常常能起作用。在唱中做，唱中学。课文中的歌谣部分，通过内容变化（增加了不同动物的声音）、节拍节奏的变化，既能让学生放松心情，又是语速练习的得力工具。两人一组，边拍边唱，小小的比赛让语言练习更有挑战性和趣味性。教师演示第一个板块时要夸张地区分出大动物和小动物的音量变化（图3）。

clap and chant 边拍边唱

Cats ,cats
I like cats
bigs cats go
miaow-miaow-miaow
small cats go
miaow-miaow-miaow...

Snakes ,snakes
I like snakes
big snakes go
S-S-S...
small snakes go
S-S-S...

图3

师：（播放节拍伴奏的音乐，展示歌谣内容）Let's clap and chant. Slowly first. Now quickly.同桌两人练习节拍歌谣。（挑选两组上台展示，图4）

图4

四、绘本赏析，听说看演

小学英语绘本教学其实是一种故事性教学模式，它十分符合小学生的年龄特点，借用栩栩如生的人物形象和环环相扣的故事情节进行教学，有利于吸引小学生的注意力，激发和维持他们浓厚的学习兴趣。为了弄明白有趣的故事情节，小学生会尽力地集中注意力，认真聆听，从而提高听力和理解能力，培养英语学习的语感。由学生自己给动物配音，一篇有声读物更能让学生将听、读、看结合起来，感受英语语言的运用。绘本中的大量有趣的图片，使学生"画中学，更直观"，有利于增强学生的记忆力，进而帮助学生逐步脱离对母语的依赖，同时有利于培养学生直接用英语思考的能力。

本课选取的英文绘本结合动物主题，贪吃蛇的故事中蛇的形象可爱调皮，同时加上学生分角色的独立配音，体现了"教学互助"，为学生提供了生动而有意义的素材。

师：Big snakes go … Do you like snakes？Let's enjoy a story（播放课件中绘本故事——The very hungry snake）根据故事中的主要内容，让学生演一演。

A：What is this?

S（snake）：It's a…

A：What color is it?

S（snake）：It's …

A：Do you like…?

S（snake）：Yes.

A：Open the mouth，and eat…

S（snake）：Goodoo，it's yummy. Now I am a…snake.

五、故事创编，电脑绘画

将英语与美术学科整合，有利于发展学生的视觉空间智能。心理学研究表明，颜色、实物、动作等会使小学生产生浓厚的兴趣并能激发他们的学习热情。因此，英语教学与绘画教学相结合，使绘画教学为语言教学服务，开发学生的空间智能。在教学中，通过"调和涂"，让学生在动手操作中体验创作，发挥自己的创造力和想象力。

在电子书包的课堂中，我充分发挥电脑绘画对英语学科的作用。电脑绘画中那种近乎游戏的手法，特别适合小学生的年龄特点，尤其是对绘画基础薄弱的学生，会减轻其心理压力，甚至会激发其学习的热情，把美术学习作为一种乐趣而不是负担。电脑绘画与美术课程的其他内容相比更具综合性，表现在：电脑绘画易懂、方便、有创意，电脑绘画本身是儿童所感兴趣的。传统绘画中色彩的使用需要具备一定的色彩知识，特别是复合色的使用更是有较大的难度，给许多初学者带来了困难。而电脑画中新颖独特的着色工具轻易地解决了这个难题。

小学英语的课程标准，就是要激发和培养学生的学习兴趣，使学生树立自信心。绘本故事大大调动了学生的学习热情，他们对创编故事跃跃欲试。借助于多媒体技术，每个学生都能运用简单的数字绘画工具，充分发挥想象力，创造出不同形状和颜色的贪吃蛇形象。整个过程中，学生自得其乐，简单高效地完成了此学习任务，既培养了他们的想象力，又锻炼了他们使用数字绘画工具进行创作的能力。

师：（播放课件，任务驱动）Draw a snake，make a story（画一画你想象的蛇吃某个物品后的样子，并介绍给小朋友，图5和图6）

图5

1. draw a snake ,make a story(画一
画你想象的蛇吃某个物品后的样子,
并介绍给小朋友）

图6

六、看图说话，作品分享

学生完成绘画后，更急于去展示自己的作品。小学生具有爱表现和表演的特点。学生根据自己的作品编写小短文，锻炼了学生的表达和创新能力。画后说一说，让学生学以致用，简单的图画加上学生的想象力，就可以为他们的语言交际提供真实的情景和外语环境。

学生上传自己的作品到指定平台。教师选择部分学生作品，要求学生上来介绍自己（图7）。

The_____snake

I'm a little snake.

I like_____.

What is it?   It'sa/an_____.   It's_____and_____.

Open the big mouth and eat.Goo doo…It's yummy.Now Iam _____snake.

图7

七、情感教育，润物无声

对学生来说，蛇给他们的第一印象是危险和恐惧。而通过绘本欣赏和绘画创编之后，他们已经感知到蛇的可爱和调皮。教师趁机介绍蛇对人类的好处，教育学生不要去伤害蛇，从而引导学生明白动物是人类的朋友，我们要爱护动物，爱护我们的地球。

生：Snakes are so cute. We shouldn't kill them. They help us. They are our friends.（展示课件，展示生活中动物是我们的朋友的图片）Love animals, Don't hurt them.

课后反思

这是一节基于电子书包课堂，将电脑绘画和英语学科整合的绘本教学课。以动物为主题，通过一则贪吃蛇的绘本故事，引导学生运用数字绘画工具创造新的对象并进行描述，从而将整个语言教学放在一个有趣的任务驱动之中。本节课尝试"从学生中来，到学生中去"，每一步设计都以学生为中心，让学生谈论自己的绘画作品，为他们英语知识的"学以致用"提供了良好的练习情景。不同的任务驱动，激发了学生不同智能的展示，最终实现了学生的全面发展。

我们常常在课堂中准备很多图片和实物，但是这些都和学生自身联系不大。美术是学生最喜欢的学科之一，符合学生爱动的特点。而如果能将学生自己创作的美术作品进行合理运用，一定能极大调动他们的情感投入，使他们一直处于积极状态。本堂课学生完成绘画作品只用了不到5分钟，但是借助他们的作品，后面的语言教学活泼生动，激发了他们说的欲望和潜能。小学英语教师应多动脑，让课堂动起来，让学生领悟教材的真谛，最大限度地发挥"数字美术"在小学英语教学中的作用，为小学英语课堂增添独特的魅力。

教学创新——开创教学多元化智能模式

第三辑

在网络环境下创造英语学习氛围

——Pet corner教学漫谈

邱小曼

　　语言既是交流的工具，也是思维的工具，在英语课堂中既要突出交流的特点，又能激发学生的思维，就需要教师营造和谐的课堂教学气氛，合理安排教学内容和步骤，组织多种形式的课堂互动，鼓励学生通过观察、体验、探究、合作等方式学习和运用英语，尽可能多地为他们创造语言实践机会，引导他们学会自主学习。

　　网络环境下的英语学习能更大限度地创造英语氛围，鼓励自主学习。学生能够通过听看读写画等方式，学习和运用英语，通过网络进行分享，达到合作学习的目的。Unit 2 Pet Corner正是基于这些目的而进行的一节课，这节课通过英语学科与电脑绘画的跨学科整合，极大地拓展了学生的英语思维和提升语言运用能力。

教学过程

　　一、提出疑问，创造情境

　　师：Good morning, children. Look！I have a pet.Guess.What is it?

　　生：It's a cat.

　　生：It's a dog.

　　生：It's a bird.

　　师：Yes. It's a bird. It's name is Pinky. Say Hello to Pinky（图1）.

　　生：Hello，Pinky.

图1

师：What colour is my pet? Is it small?

生：It's yellow. It's small.

师：I like Pinky. And today, we are going to learn Unit 2, Pet Corner（图2）.

图2

学生猜老师的宠物，引出今天要学的课题。

二、学习新单词，选择自己的宠物

师：I have some pets here. Let's go and see them. Listen and learn the new words about pets（图3）.

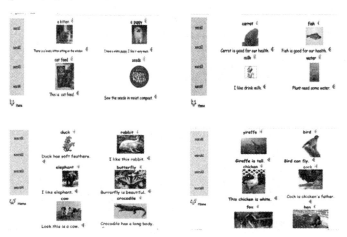

图3

学生戴上耳机听和跟读单词，从Word 1到Word 4。自由听读，不熟练的可以反复跟读（图4）。

教学创新——开创教学多元化智能模式

第辑

图4

师：We have so many pets. Let's go to our Pet Corner. What do our pets eat and drink? Listen and read. Find out what do our pets eat and drink.

学生听和跟读对话，找出宠物们吃什么和喝什么。

通过不同文本的输入，学生了解到更多的宠物知识，从而对自己喜欢什么样的宠物以及这个宠物的特点有了一定的了解（图5）。

师：Look at the pets. Tell us what they eat and drink.

图5

师：Talk about your pet with your partner.

生生合作，完成以下表格。

Pair work.

	Pet's name?	Eat?	Drink?	Run/Jump /Fly...?

——Hello,... What's your favourite pet?
——I like ...
——What does it eat?
——It eats ...
——What does it drink?
——It drinks ...
——Can it run/jump/walk/fly?
——Yes, it can. / No, it can't. It can ...
——Thank you.
——You're welcome.

师：Can you tell us your friend's pet?

部分学生分享他们同伴的宠物以及宠物特征。

Make a report.

My friend _____ likes _____.

It eats _____ and it drinks _____.

It can _____.

It can't _____.

循序渐进，让学生慢慢地能够和同伴用英语交流自己喜欢的宠物，从而为最后画和写宠物做铺垫。

三、阅读故事，了解动物的习性特征

师：Children, you did a good job. You can talk about your pets well. Now, let's go to read some stories about animals.

学生听读故事，了解其他动物的特征（图6）。学生通过听4个故事，了解到更多的动物知识，为第四部分画自己的宠物做准备。

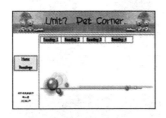 

图6

四、发挥想象，描绘自己的宠物

师：All of us like animals. Please draw and write about your pet.

学生画和描述自己的宠物，然后分享（图7）。

图7

五、总结和提升

师： Children, please read two of your partners'work.

学生分享作品。

师： Children, the pets and other animals are our friends. We need to love them and be good friends of the animals.

最后互相分享作品，学习他人的长处，学会爱护动物。

教学反思

这节课，我根据学生的实际情况，创设情境，层层递进地提高学生的基本语言素养。通过网络，学生可以根据自己的实际英语程度，分层次地学习单词、句型和故事。网络课堂能最大限度地帮助不同知识水平的学生进行分层学习，大大提高了学生的学习主动性和积极性，从而也减轻了老师的教学负担，避免了"一刀切"的教学模式。通过大量的语言的输入，学生们能够很快地展开这个话题的讨论，到最后能够画出和描绘出自己喜欢的宠物。整节课的氛围轻松，有助于学生的学习。看到学生们精美的电脑绘画和作文，老师也感到非常欣慰，因为我们给予了学生学习和成长的空间，也给予了自己学习和成长的空间。"教学相长"大概就是这个样子。

合作式计算机绘图课对
多元智能发展的教学意义

林建庚　王心彤

一、引言

随着网络技术逐渐应用于现代教学课堂，课堂已经不再满足于传统的教学模式，革新与改变成为了新时代的教学研究主题。教师对于学生的培养也不仅仅局限于某一个维度的能力，而是更加重视多元智能的培养，在教学课堂中也更侧重于非单一的学习模式。随着合作式学习的推广，教师更关注课堂中学生的交流能力和小组合作能力，并在小组合作课堂中促进学生产生学习的主动性。因此，多元智能和合作学习成为新型课堂改革中的必然趋势。计算机绘图作为一门跨学科课程，具有独特的魅力，它不仅与计算机操作能力密切相关，同时也培养同学的绘画能力，从某种程度上来讲，电脑绘图是学科结合的优秀产物。本文将从多元智能角度对计算机绘图的合作学习模式进行一定的教学设计，并通过一些实际案例的操作来评估效果，最后形成成熟的模型。

二、理论背景

加德纳通过研究发现脑伤病人在脑部受损伤之后某些功能依然完好，从而说明大脑皮层的不同区域控制不同能力或智能。因此，提出了多元智能的概念，多元智能理论主要认为智能属于一种生物生理潜能多元智能，强调的是人类智能结构的一种全新理论。多元智能包括以下七种智能：语言智能、逻辑-数学智能、音乐智能、身体-动觉智能、空间智能、人际智能和自我认知智能。

　　培养学生的多元智能才能适应现代化社会需要，而其中的语言智能、逻辑–数学智能、音乐智能、身体–动觉技能相对更容易被传统课堂所教授，也更容易提升，并且在学习之后也相对容易测量学习结果，而在传统课堂上学生的空间智能、人际智能和自我认知智能并没有得到很好的培训，也没有具体的学习活动可以促进这三种智能。但这三种智能却是当今社会迫切需要的，因此我们针对这个问题引入了合作式小组学习的方式，并以电脑绘图课程作为载体，实现了多元智能的全面培养。

　　合作式学习就是以小组或团队为单位，学生为了共同的任务进行明确的责任分工的一种互助性学习模式。小组合作学习尊重学生的个性，激发他们的学习热情，唤醒艺术潜能和培养创作力。数字绘画课堂中的小组合作学习，与传统美术教学相比，既有现场环境的分组，也有网络环境下的分组，无疑拓展了学习的空间和时间，是现代教学独具优势的地方。我们应用小组合作的模式可以促进同学们的人际智能，我们设立一项任务，让同学们按照小组的模式分工进行，通过分工合作找到与他人交往合作的方式，并通过讨论与统一锻炼自我认识智能。

　　电脑绘图，即运用计算机技术的一种绘图方式，有二维、三维两种类型，通常以卡通和游戏作为对象。将电脑绘图引入课堂不仅可以培训学生的计算机应用能力，而且可以培养同学们的绘画能力与艺术鉴赏能力。在每节课的案例中我们引入相应的主题促进同学们对人文知识或者其他学科方面的理解，属于经典的学科整合课程。

　　通过合作式学习模式来引导同学们进行主题式的电脑绘画创作，这种结合方式可以全方位地锻炼学生的多元智能，因此本文给出多元智能下合作模式的电脑绘图课的教学设计案例，并进行案例总结和反思。

三、《画出你心目中的钓鱼岛》课堂教学设计案例

（一）教学过程

1. 故事导入

　　课件展示海洋中某个岛屿俯视图，以简单的PPT动画展示中国渔船曾经到过这个地方，引发学生的想象。

2. 问题虚构

　　师：如果有一天，你成了这个岛屿的市长，你将怎样开发和建设它呢？

生：（讨论并表达自己的意见）我想建设一个环保型（多功能型/旅游型/居住型……）的岛屿。

师：作为城市的设计者和管理者，你需要考虑哪些方面的因素呢？

生：要有居住的房子（学校、医院、商店、公园等，引导学生了解城市的基本结构）。

师：（小结）一个适宜人类生活的地方，首先要解决人的衣食住行等问题，之后才是突出城市的其他功能。

3. 美术技能

师：哪位同学愿意告诉大家，你希望设计怎样的城市设施呢？

生：我想设计一所新型学校/酒店/钟楼等。

师：（在电子白板上画出一个简单的几何图形）这是小岛上车站的正面墙，谁上前面来画出你想象中的车站？

学生在电子白板上完成并完善绘画。

教师课件出示两幅绘画作品，请学生比较，引导学生学习创作中对画面的构图、建筑的立体感、点线面的结合、主次关系以及前后遮挡关系的表现，提醒学生正确应用美术知识进行数字绘画创作。

教师用课件展示两幅不同的图片，请学生观察分析它们的优缺点，了解绘画中的构图知识，学习做小小建筑师。

教师用课件展示世界上最美的小镇图片，请学生欣赏不同风格的建筑，分析现实建筑中的美。

4. 合作学习

师：每个同学都有自己的梦想，今天，我们这个班成立了4个岛屿开发设计小组，请每组设计各自的方案和任务，组织本组同学创作城市需要的建筑和设施，各组成员自由选择你喜欢的建筑进行创作，看哪一组方案最强（课件出示作业要求）。

组长组织讨论、分工、创作。各组学生选择自己最喜欢的内容，围绕主题进行创作。

5. 展示评价

师：请各组介绍自己城市设计的方案，并展示本组最优秀的设计作品。

各组学生代表简要介绍和展示自己认为最好的作品（图1~图3）

图1　优秀学生作品

图2　优秀学生作品

图3　优秀学生作品

师：（小结）今天，每个组表现都很好，我们要选出各组推荐出来的建筑设计，我们不但要把这座岛屿建设得更美丽，更要好好地爱护它。你们知道这座岛屿的名字吗？（课件展示）

师：它的名字是"钓鱼岛"，它是中国的。

（二）案例反思

本节课教师以钓鱼岛作为绘画主题组织同学们进行绘画创作，但首先没有阐明钓鱼岛的主题，而是引入情境假设，以一个小岛的鸟瞰图来吸引学生的兴趣，让每位学生以市长的身份来规划小岛的建设，并介绍一些生活中的美丽的建筑来激发学生的创作灵感，通过背景的铺设使学生产生创作兴趣。

接下来教师通过分组使学生形成合作小组学习模式，只给定主题，其他的内容交给小组学生来组织讨论和创作，并要求学生形成成果并展示。在这之后，学生开始了创作，最后形成了非常优秀的作品。教师在最后画龙点睛，提出这个岛就是我国的钓鱼岛，引发了学生的爱国情怀和关注时事的兴趣，又由逻辑思维能力的提升、人际智能能力等的提升升华到了人文素养的提升。

四、《儿童益智游戏》课堂教学设计案例

游戏最吸引孩子，网络游戏也是如此，但如何引导他们正确认识和对待游戏，在课堂中如何结合儿童心理特点，让他们了解游戏和生活的关系，值得教师认真思考。

《儿童益智游戏》一课设计在体现学生多元智能和小组合作学习方面做了一定的尝试，将学生喜欢游戏的心理特点和生活中游戏设计的过程进行了有机融合，以探索数字绘画教学。

（一）教学过程

1. 游戏导入，激发兴趣

师：老师带来一个电脑游戏，哪位同学想到前面演示一下？

学生演示游戏。

师：看了刚才的游戏，请大家讨论一下：游戏由哪些内容组成呢？

生：（讨论游戏的基本构成内容）有名称、角色、背景……

师：今天我们就学习儿童游戏设计（游戏），不过要加两个字——益智。（书写课题）

2. 拓展知识，深入探究

师：游戏是怎样设计的呢？（出示游戏设计策划书Word文件，让学生了解真正的游戏设计要求和过程，归纳游戏的主要内容）

师：什么样的游戏才真正能开发儿童智力，受大家喜欢呢？请大家分别设计一个益智游戏，并根据老师的要求撰写策划书。

学生撰写策划书。

师：同学们，游戏策划是一项庞大的工程，请同学们根据自己的方案采访小朋友、家长或设计师，看看他们能帮你出什么好主意，完善你的方案后发到网站，大家互相浏览，在网站投票选出你心目中的最佳方案。

3. 自主探究、分工合作

师：同学们的游戏设计，既有关于爱心的，也有关于环保的，还有其他创意非凡，符合儿童特点的，每个同学都非常用心。大家选出了自己认为最有创意的5个游戏方案，下面先请这些同学介绍一下自己的设计思路。

学生介绍益智游戏的主题和设计思想。

师：一项成功的儿童游戏，不但有趣，更要符合儿童特点，能够开发智力，启迪人生，在设计中更需要团队的共同参与。今天，我们请同学们选出

的5位同学作为游戏总策划分别代表5个组，各组根据他的策划书设计一个与众不同的儿童益智游戏，学习流程如图4。

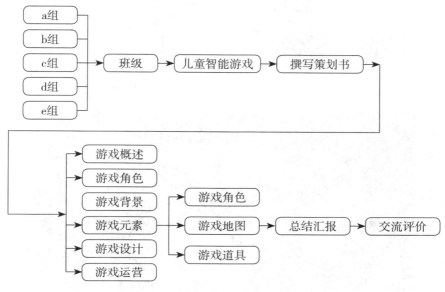

图4　学习流程图

各组学生安排学习任务。

师：在学习网站上提供了关于游戏角色、游戏背景、游戏元素和儿童插画绘画技法的相关课件和网址，请同学们根据自己的学习任务浏览学习。

学生开始创作，各组同学完成每一项学习任务后，共同商议，选出最能代表游戏每个环节的设计。

4. 展示汇报，激励评价

师：经过各组团结协作，各组都出色完成了游戏项目设计。下面就请各组代表介绍他们的儿童益智游戏。

学生展示PPT（图5）。

教师组织学生评价交流。

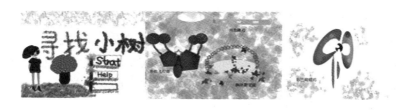

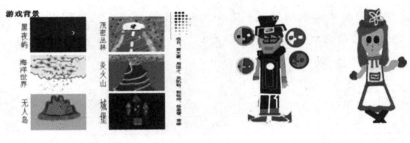

背景设计　　　　　　　　　　角色设计

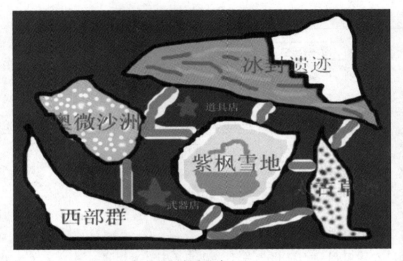

地图设计

图5

（二）案例反思

本节课从游戏下手吸引学生的兴趣，因为游戏可以吸引学生的眼球，但是这节课老师恰到好处地将主题确定为"儿童益智游戏"，让学生亲自设计游戏，能让他们从客观的角度了解游戏是怎样被创作的，游戏应该如何利用，这样可以在某种程度上帮助学生树立正确的认识，并引导学生正确处理学习与游戏的关系。因此选题可以起到既吸引学生产生注意又引导学生正确认识双重作用。

教师先以游戏入题，向学生展示成熟的游戏，勾起学生的兴趣并激发学生自己创作游戏的欲望。接下来展示游戏的制作过程，游戏包括哪些组成部分，同时向学生提出问题：什么样的游戏吸引人？通过搜集身边素材来给出答案，同时给学生设定小组，以合作学习的方式开展学习任务，通过小组合作最后形成成熟的游戏设计，并通过汇报的形式展示给大家，同样运用了合作学习的模式，在收集素材和与小组成员交流的时候锻炼了人际智能，在将实物抽象成模型时锻炼了空间智能，在合作学习的模式下对多元智能进行了培训。

五、合作式计算机绘图课的教学模式设计

多元智能与合作学习结合得恰到好处的例子就是电脑绘图，通过上面两个例子，我们可以整理出主要的教学流程图（图6），形成成熟的教学模式：

（1）背景导入：教师根据不同课程内容确定引入方式。例如，《画出你心目中的钓鱼岛》中以一个陌生的小岛为引入点，《儿童益智游戏》则通过引入一个游戏来吸引学生的兴趣。

（2）主题展示：在勾起学生的兴趣之后，教师开始介绍本节课所要学习的内容以及需要完成的任务。

（3）任务分组：分出小组，合作学习，学生通过小组合作的形式完成教师的任务，同时根据需要展开社会调查，进行网络搜索等，这是本教学模式中最关键的部分。

（4）教师指导：教师根据学生完成作业的情况做出相应的指导，并掌握学生的学习状况。

（5）汇报展示：学生通过幻灯片等形式进行小组汇报，向大家展示自己的成果。

（6）交流评价：在老师和同学们都观看完汇报之后，互相进行评价和交流，互相学习。

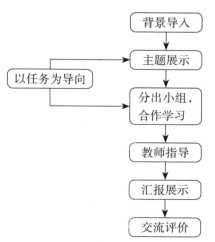

图6　教学模式流程

教学创新——开创教学多元化智能模式

第三辑

六、总结

通过对两个案例的反思和总结，我们形成了计算机绘图课的教学模式设计。从两次案例的学生成果来看，取得了很好的效果。以任务为导向，激发了学生的自主思考；以小组合作为方式，促进了学生的交流和自主学习能力；以学科整合为背景，形成了学生对知识技能的整体性学习。从宏观来看，合作式的计算机绘图课很好地实现了多元智能理论应用在教学上的功能，学生很享受这样的学习过程，并且取得了意想不到的效果。合作学习是一种潮流，但是真正把握合作学习的本质并不容易，应避免形式大于内容。但是总的说来，应用多元智能于合作学习是值得尝试的，传统模式的课堂逐渐被取代，新时代下的新模式课堂必然将愈加成熟。

多元智能发展的电脑绘画主题探究课堂实践

——"希望小学"项目研究活动设计构想

林建庚

　　美国哈佛大学的著名心理学家加德纳提出了多元智能理论，倡导学生主动参与、探究发现、交流合作地学习，对新课标背景下的美术教学有很多启示意义。

　　美术是一门综合性极强的学科，电脑绘画"希望小学"主题项目探究活动的目的是基于多元智能理论指导，将整体化、个别化、自主化与多元化的教育内涵融于一体，在尊重学生个性差异原则下，创造适合学生智能发展的有效教学模式，实现美术课程的价值和目标，让学生在美术学习中多元发展；活动涉及绘画、设计、思品、写作、信息技术、音乐等多个学科领域，无疑教学目标不能定位于单一智能，而需综合考量课程整合与多样性学习方式，在活动过程中学生不同智能同时并存、相互补充、统一运作，有效实现美术教学目标。

　　根据以往参与中国和联合国儿基会远程合作学习项目研究活动的经验和方法，将网络环境下跨地域的合作学习形式引入电脑绘画课堂，是美术教学一次尝试。围绕"希望小学"这一主题，通过学生分组、资源整合、自主探究、协作学习进行多课时教学活动，思维导图如下：

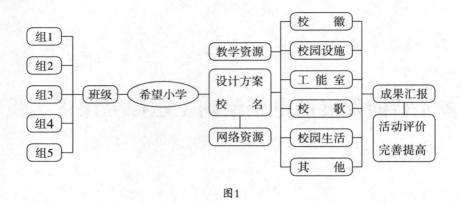

图1

活动一：激发情感，畅想希望小学

"希望小学"是以爱心教育为主线、以电脑绘画为创作形式的主题探究活动。活动在玉树地震的背景下展开，通过一系列活动，激发学生与灾区人民共建家园的情感。

师：（课件出示中国地图和玉树地图）同学们，你能从地图上找到这个地区吗？它属于中国哪个省？

师：（课件出示震前美丽的景色和风土人情图片和震后失学儿童学习环境）同学们，灾区孩子们最需要什么呢？（导出希望小学）

学生分组组建合作团队，讨论设计希望小学，在网站回帖打写作文《我心目中的希望小学》；各组学生浏览团队成员留言，并讨论选出最佳方案作为本团队设计方案，并共同完善该方案。各组组长介绍各团队的希望小学和学校校名。

师：各组同学的设计体现了集体智慧，我建议大家将取的校名作为团队的组名，让我们用爱心创建一所安全、美丽的希望小学。

活动二：因材施教，多元合作

师：如果你是建筑设计师，你会怎么设计一所学校？

生：教学楼、操场、校门、设计图……

师：（课件相继出示建筑平面和效果图，图2）请观察设计图需要体现哪些内容，校园建筑包含哪些方面。

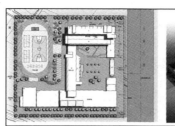

图2

组长组织同学讨论、分析校园设计方法，参照"我心目中的希望小学"构思，统计校园设施种类，协调组员根据自己的特长自主选择校园设施设计；学生浏览网络资源，独立或合作完成学习任务，将完成作品上传主题网站（图3）。

教师在网站提供相关学习资源，参与各小组活动并适时给学生提供帮助。

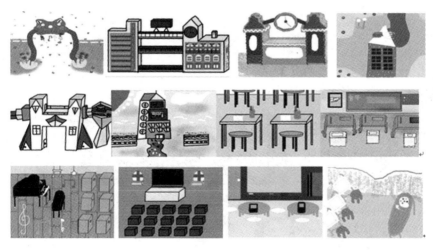

图3

活动三：因材施教，多元拓展

师：（小结上一活动中各组学生的表现，和学生一起上网欣赏，评价学生设计的校园设施）建成后的学校还需要什么呢？

学生分组讨论，采访校长、行政、老师，做好访谈记录，了解学校教育教学管理功能，完成校徽、校服、校歌等的设计制作及校园活动等。

学生分小组进行讨论，根据学习任务的难易和各自特长选择学习任务，通过单独、合作完成，并服从整体需要，将设计作品上传主题网站（图4）。

教师在网站提供相关学习资源，参与各小组活动并适时为学生提供帮助。

教学创新——开创教学多元化智能模式

第三辑

融合之路

———

中小学数字绘画跨学科教学创新案例

教师要求学生课后继续讨论并完善《我心目中的希望小学》主题探究活动，分组完成各自成果汇报演示文稿。

图4

活动四：展示汇报，多元评价

教师在主题网站提供PPT成果汇报演示文稿参考模块。

学生小组合作，上网收集整理最能代表希望小学方案的作品，根据各组

·198

特点，共同完成PPT汇报演技文稿。

学生主持成果汇报课，各组派代表上讲台，通过PPT演示文稿汇报活动成果，内容包括校名、我心目中的希望小学最佳文案、校园设计平面图、校园建筑和功能室、校徽、校歌（词曲）、校服、校园活动、收获与问题等内容；汇报组学生回答其他组同学的质疑。

教师请从事建筑、服装设计的家长和老教师等作为成果汇报活动评委，票选最佳希望小学，并从设计的不同角度进行点评。

全班学生在线投票给心目中最佳希望小学。

教师小结本次探究性学习活动，确立多样化的评价标准，请学生下载活动评价表，各组进行自评、他评、师评，总结个人和小组在活动中的表现。

教师在屏幕上展示学生为希望小学写的《美丽校园》诗歌作为活动结束。将学生优秀成果制成展板向全校展示，并请学生在展板上签名支持。

美丽校园

美丽校园，知识温床

美丽校园，书声琅琅

美丽校园，浩瀚书海

美丽校园，知识海洋

美丽校园，勤奋诚实

美丽校园，步步向上

美丽校园，默默努力

美丽校园，编织梦想

美丽校园，芳香希望

美丽校园，承载愿望

美丽校园，忘记烦恼

美丽校园，欢声笑语

美丽校园，美好友谊

美丽校园，纯洁勇敢

美丽校园，茁壮成长

专家点评

电脑绘画促进孩子多元智能发展

——兼评"希望小学"项目研究活动设计构想

李晓庆　江丰光

一、多元智能理论对教学的意义

美国哈佛大学发展心理学家加德纳于1983年提出了多元智能理论，深刻解析了人本身所包括的八种智能，八种智能会因个体不同而表现出差异。新一轮的基础教育课程改革进一步强调，教学一定要让学生在多方面得以发展，培养全方位的综合素质。教育的目的是发现学生智力强项，发展智能弱项，多元智能理论切合新课改的需求，符合教育培养人才的需求。

学校教育不单单是让学生学会知识，更要教会学生做人，多元智能理论为教学提供了很好的理论基础。在实际课堂中，教师应该有意识地从素质教育本身出发，发展学生的多元智力。除此之外，学生个性化的发展也是多元智能理论对教学的一个重要启示，学生资质不同，从学生个体出发，对症下药，因材施教，为学生提供需要的教学方式和教学服务，都能带来与众不同的效果。而且，多元智能理论为教学提供了多元的评价思路，通过多种渠道、采取多种形式，在多种不同的实际生活和学习情景下进行评价，都有效改善了传统评价的缺憾。

二、时事与生活情境导入学习

知识来源于生活，又作用于生活，林建庚老师灵活运用时事与生活情境，巧妙地设计了美术课堂。林老师首先采用青海玉树地震的例子作为导入，引出希望小学，接着又从希望小学的建设出发，引出校园规划设计，从校园又联系到校园文化、校园服饰、校徽。从表面上看是在进行电脑绘画教学，但实际上却也不断渗透多元智力的培养。

青海玉树地震是当时社会重要时事，灾区重建正是当时社会关注的要点。林老师从灾区需求出发设计希望小学项目，有效激发了学生的学习兴趣和爱心，让学生关注生活周围事件，培养公民素养，不仅使学生的成就动机有所提高，觉得学有所值，教学效果也有改善。

在设计希望小学的过程中，林老师通过让学生写出《我心目中的希望小学》、为校歌编曲等活动锻炼学生的语言能力；在设计校园格局时鼓励学生个性发挥，是对学生视觉空间智能的一种考验；通过设计学校的校服、教室等发展学生创造美的能力。整个研究活动用希望小学这条时事主线贯穿，达到了学习知识、提升综合素养、感悟生活三方的融合效果。

三、体现合作思维与创造思考

课堂初始，林老师就组织了学生合作团队，每个小组讨论设计希望小学，学员撰写《我心目中的希望小学》，之后由学生互评，选择出最佳方案，并为希望小学起名，同时作为组名，后续由小组成员继续探讨校舍的布局、相关资源的搜索、汇报PPT的制作等，整个过程体现集体合作精神。

新世纪的小学生多数是独生子女，最需要提高合作能力，互帮互助，团结友爱。林老师的课程研究活动有意识地整合了合作学习，并且体现了创造性思考。例如，学生在进行建筑、服装设计时，将家长带入进来，促进了家校的沟通；学生为设计出优质作品，去实际调研、采访；利用信息技术手段进行教学评价，促进信息技术与学科的整合。几个活动下来，学生得到提升的不只是单纯的电脑绘画技能，言语交际、视觉空间、人际沟通、自我认识等多元能力也得随提升。

四、打破分数迷思学习，同伴赏析与评价

林老师的活动设计一直体现着主导-主体的教学思想，把更多发挥的空间留给了学生，但也一直作为主线指引着学生探索。合作任务的分配，探究活动的设计，个性贴心的指导，所有的教学活动不是为了学习而学习，而是从活动的需求出发，做有意义的事。应试教育素以考分为核心，林老师的课程打破了这种局面，不再以分数导向为价值观，学生更加明晰自己的任务，不再是迷思学习，而是一种真实情境下的解决实际问题的学习。

同时，林老师的活动设计很好地体现了同伴赏析与多元评价。在"畅想希望小学"活动中，林老师让学生自评出最好的希望小学，鼓励同伴之间互相赏析；在评价各小组校园设计中，鼓励学生彼此赏析，并进行网上评比；所有活动结束后，各组进行自评、互评，对学生的表现给予意见。多元智能理论下的多元评价理论在整个活动过程中都体现得恰如其分，活动评价主体不仅是教师，还包括学生、家长和社会，由原来的一元变成了四元，充分体现出评价的多元性。

总之，从教学评价的角度来说，林老师的课程采用了形成性评价和总结性评价相结合的方式，融合了多元评价，这与素质教育对学生的评价考核标

教学创新——开创教学多元化智能模式 第三辑

准是一致的。

五、综合表现体现多元智能教学

在活动的最后，学生汇报的成果包括校名、我心目中的希望小学最佳文案、校园设计平面图、校园建筑和功能室、校徽、校歌（词曲）、校服、校园活动、收获与问题等，而不只是简单的一幅图画作品，活动已经远远超出了美术课程涉及的内容，学生的绘画、创作、表达等多种能力均得到锻炼。

多元智能理论支撑下的课程教学，是努力发挥学生的优势智力，让学生在能力提升的基础上解决实际问题，提升其言语交际、自然观察、逻辑思维等多方面的能力。

教学更应该在全面开发每个学生大脑里各种智力的基础上，为学生创造多种多样的展现各种智力的情景，给每个人以多样化的选择，使其扬长避短，从而激发每个人潜在的智力，充分发展每个人的个性。林老师采用多样的综合展示方式，给学生个性化的展示空间，学生根据自己的特长把最优势的一面展现出来。如在主题探究过程中，让学生了解学习藏民的生活方式、服装特色等，把服装特色设计成更具民族特色的风格，学生们便可根据喜好充分发挥想象力和智慧，设计优质作品。

六、总评

林老师的"希望小学"项目研究活动有效应用了信息技术与课程整合的理论，充分发挥了学生的多元智力，使小学生电脑绘画变成可能，是基础教育网络环境下的优质范例。

（转载自《中国信息技术教育》杂志）

"网络环境下师生电脑绘画创新思维培养研究"结题报告

林建庚

一、研究背景

在经济和科技高速发展的今天，人才的创新能力比以往任何时候都显得重要，在教育中推行以培养创新能力为中心的素质教育，尽快培养具备创新能力的人才，是我们教育工作者的一项使命。培养学生兴趣、为学生营设优良学习情景、寓教于创、发展个性、培养特长，使学生学有所创、学有所获、学有所乐，才是行之有效的。

《国家基础教育课程改革纲要（试行）》中提出："大力推进信息技术在教学中的普遍应用，促进信息技术与学科课程的整合，逐步实现教学内容的呈现方式、学生的学习方式、教师的教学方式和师生互动方式的变革，充分发挥信息技术的优势，为学生的学习和发展提供丰富多彩的教育环境和有力的学习工具。"《基础教育课程改革纲要（试行）》规定："为保障和促进课程适应不同地区、学校、学生的要求，试行国家、地方和学校三级课程管理。"随着新课程改革的不断发展与深化，我校已经将电脑绘画列为美术课教学的一部分，三到六年级开设了电脑绘画校本课程，并列入正常的课堂教学。

电脑绘画课程以《福田区教育改革和发展"十二五"规划》和"福田区教育发展十一个行动计划"为目标，以"推进教与学方式转变，建构高效自主的课堂"为核心。在全区各学科推进改变教与学的方式教学中，艺术学科同样面临教学改革的机遇和挑战，"网络环境下师生电脑绘画创新思维培养研究"课题正好成为教学改革的一个很好的平台。

（一）前期研究成果支撑

（1）本课题教师主持过中国和联合国儿基会远程合作学习项目，研究成果获国家级奖项。

（2）本课题教师主持过中国和美国Worldlinks组织远程合作学习项目研究，电脑绘画项目获国家级奖项，形成了较大的影响。

（3）学校组建了由美术、信息技术和学科教师参与的研究团队，进行学科整合研究。

（4）电脑绘画课列入正常课时，开设了电脑绘画校本课程，编印了电脑绘画校本教材和电脑绘画册。

（5）一批师生在电脑绘画课程教学和各级电脑绘画比赛中获得较好的成绩。

（二）课题研究重点与目标

（1）信息技术与美术课程整合，以教育技术理论作为指导，利用信息技术促进美术学科教学变革和发展，并利用课程整合的经验进行跨学科整合研究，提高信息技术教师、美术教师和其他学科教师的课题研究能力，形成电脑绘画研究的影响力。

（2）通过教学理念、课程设置、思维方式、教学方法、活动设计等的创新，培养师生的创新思维和创新能力。

二、课题研究的过程、方法、策略及主要内容

（一）研究的过程

研究过程主要分为三个阶段。

第一阶段：课题准备阶段。搜集相关书籍和资料，撰写课题研究方法，组建课题组，研究课程设置，配置教学硬件。

第二阶段：开展课题工作。组织以美术、信息技术教师为主的课题组成员开展活动。研究内容：理论学习、课堂教学、教师和家长培训、专题探讨、拓展活动、论文及案例撰写等。

第三阶段：总结阶段。课题研究成果整理（论文、案例、网站、作品等），写结题报告。

（二）研究的方法

研究方法主要有行动研究法、文献法、调查法、案例研究法。

（三）研究的策略

研究按照学习—研究—实践—总结—推广的步骤进行。

本课题为应用性研究，在研究过程中及时总结和调整，形成了丰富的成果，增加了课程研究的影响力。

三、主要措施

（1）结合区信息化均衡教育"一校一特色"项目活动开展，依托北京师范大学创新教学智慧课题专家组的指导及福田区教研专家的支持，强化特色课程教师的培训，创建特色课程，并根据课程发展计划和个人优势形成个性教学特点，结合专家指导与外出学习等活动，提高教师教学能力与研究水平。

（2）全面打造电脑绘画课堂，以美术和信息技术学科为主，通过学校教学中心动员学科教师积极参与研究，以课题研究为主线，通过研究课、第二课堂、现场比赛、网络竞赛、福民小学"校长杯"网络创新大赛、信息技术开放周等活动，拓展学习活动空间，给学生以个性展示的空间和舞台，充分利用网络学习平台，形成学习资源库。

（3）营造电脑绘画校园文化，结合学校活动，鼓励学生将电脑绘画与校园生活和社会活动相结合，创作相关作品，并积极参加美术和信息技术学科举行的电脑绘画创作活动，鼓励学生个性创作，定期举办学生作品展，完善学生奖励机制，激发学生学习热情和创新欲望。

（4）通过与姊妹学校和香港等地区学校的联系，扩大教师教学交流，取长补短，比较不同地域、不同体制下的教学方式研究，完善课程开发体系；探索网络环境下远程合作学习模式，促进师生改变教与学的方式，培养学生探究、合作、创新意识，带动更多学校师生共同开发和发展电脑绘画课程。

（5）形成与电脑绘画研究相关的一系列成果，为课程的持续开展提供理论参考和经验支持。以专题视频、学习网站、研究论文、教学案例、师生画册、校本教材、简报、画展等不同形式呈现，形成独具个性与特色的课程，突出课程开发价值和效果，为形成课程特色提供依据。

四、课题成果与分析

创新思维是指对事物间的联系进行前所未有的思考，从而创造出新事物的思维方法，是一切具有崭新内容的思维形式的总和。一切需要创新的活动都离不开思考，离不开创新思维，可以说，创新思维是一切创新活动的开

附录

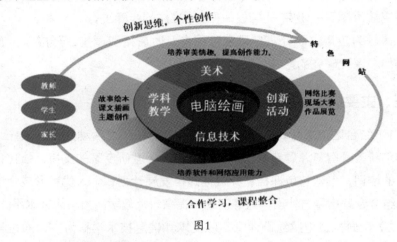

始，本课题全程以创新为核心展开研究（图1）。

图1

（一）课程设置的创新

随着信息技术的广泛应用，传统美术课程也需要拓展与更新，电脑绘画课程将信息技术和美术有机融合，实现了美术教学的有效延伸，适应现代教育科学的要求和未来发展的需要，在电脑绘画课程教学中培养学生发现美、感受美、创造美的能力。

课程的具体实施策略如下：

（1）在电脑美术创作技法上坚持普及教育。

（2）在课题选材上以兴趣为基础，贴近学生的实际生活，注重社会性活动。

（3）结合学生的活动进行合作探究性学习。

（4）注重普及与提高相结合。

根据电脑绘画课程需要，学校三到六年级开设了电脑绘画课，组建了由美术和信息技术教师结合的课题研究团队，开发了校本教材，并将课程研究延伸到更多学科。

（二）教学方式的创新

在教育观念上，新的课程理念已在教师头脑中扎根，并逐步落实到教育教学实践中；在教学方法上，校本课程的实施为教师提供了注重学生的主体性、学习的过程性，关注学生的个性、情感、态度的实践空间和时间；在课堂中采用了现代化的教学手段，教学中根据学生的智能结构，多元培养，分层施教，开展多样的教学活动，使教学手段多样化；在师生关系上，架起了师生间的桥梁，使他们成为学习的伙伴，协作的朋友，民主、平等、和谐的教学氛围浓厚；在自身素质上，教师通过自编教材和校本课程的实验研究，使知识水平、教学技能、科研能力等都有较大提高。

（三）学习方式的创新

在知识技能上，学生的知识面大大拓宽，视野开阔了；在学习方式上，学生主动搜集信息，学习知识的积极性得到提高，变被动为主动，真正成为了学习的主人；在能力发展上，处理信息的能力得到提高；课上的相互交流，提高了学生的语言表达能力；课外的实践活动，提高了学生的动手能力和社会交往能力等；在情感态度上，学生的学习兴趣浓厚，自主探究、团结协作的意识增强，科技意识、环境意识等也随之逐步树立，学生的综合素质明显提高。

（四）活动开设的创新

学校通过开展丰富多彩的活动，将校本课程的实施与特色教育活动相结合，寓教于乐，在活动中促进学生的全面发展。结合课程的实施，我们连续10年坚持开展"福民小学信息技术教育周"活动，每学期举办"校长杯"电脑绘画大赛，这些活动有力地推动了校本课程的实施，提高了学生的综合素质，形成了我校的信息技术特色和特色课程。

（五）专题网站建设

课题组为教学研究搭建了一个适合师生教学互动的平台，网站根据课程实施需要，建设与共享网上学习资源，促进学生运用信息技术丰富课内外学习与研究，同时为师生学习活动提供了自由交流的平台，有利于发展平等自主的师生关系。

五、课题实施与成果

（一）传统美术与信息技术整合

新课标提倡多元的美术教学方式，传统美术与基于信息技术环境下的美术教学具有各自的优势，两者不能互相偏废，在很大程度上相互补充。传统美术课技能性较强，有些教学内容如手工制作、水彩画、国画等难以在电脑中让学生体验到这种美术学习的特殊性。将网络环境下的信息技术引入美术课堂，能较好地体现"教为主导、学为主体、练为主线"的教学思想，在拓展知识面、培养学生的创新能力、构建新型师生关系等方面都能起到很好的作用，而随着工具的更新，原来很多只有在传统美术课上才能学到的知识同样可以在信息技术环境下得到实现。

在电脑绘画教学设计中，研究信息检索对学生知识拓展和深入研究的作用是教学中重要的环节，课题组教师做了大量的探索。例如，《多姿多彩的民族服饰》一课中涉及在信息时代，对数字绘画教学中搜索到的资料如何有效过滤的问题。任课教师在本课的设计和教学过程中做了一定的创新实践：

（1）搜集资料前将范围尽可能缩小，保持明确的目的性和方向性。

（2）分析知识重难点、教学目标等，在同一主题下进行多角度信息搜集，将大问题分解为若干小问题。

（3）同一信息反复验证，保证信息准确性，将这些有出入的信息进行验证性检索，寻找专业解释。

（4）图片、视频信息"选取典型"，"择优录取"，对民族服饰以及文化特点做深入精准的表达。

（5）结合主题再次查阅信息，进行加工处理，将相关信息组织整合，去芜存菁。

"授之以鱼不如授之以渔"，网络不是万能的。就是因为网络信息量的庞大，搜集者更应该在搜集前形成清晰的条理和明确的目的，在检索中保持灵活多变的思维。

电脑绘画课《多姿多彩的民族服饰》任课教师老师徐奔获全国新媒体教学一等奖、深圳市一等奖。

（二）小组合作学习

例如，《美丽的季节》（Beautiful Seasons）字母插画一课教学目标即尝试通过打造一个在合作团队框架下的发散性思维型美术课堂，提高学生参与学习的积极性和主动性，帮助学生学会自主学习、探究学习、合作学习，激发创造个性，提高学生审美情趣和创新能力，通过电脑的手段和技巧利用字母表现季节的美，在网络环境下共享学习过程和成果，实现美术和信息技术的整合。

首先创设情景，让学生感受四季之美，接着寻找认知规律，深入探究学习目标，然后拓宽视野，创意分工，让学生在字母中引入美术知识，通过每组选择一个季节，各组组员选择季节其中的一个字母进行插画设计，在作业难度和时间安排上顾及到学生个体的差异，最后欣赏交流，在展评中共同提高。

（三）基于项目探究形式的合作学习

如《希望小学》创作这一主题项目，通过学生分组、资源整合、自主探究、协作学习进行多课时教学活动，探究活动思维导图如下：

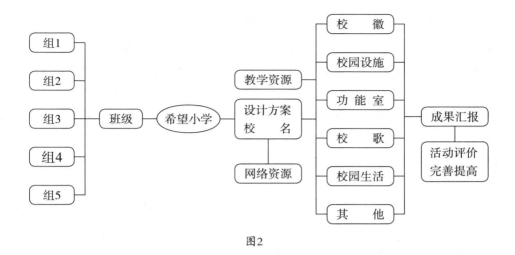

图2

　　"希望小学"项目探究以活动形式展开电脑绘画教学,所有活动既有独立行又相互有关联。将全班学生分为四个组,各组完成一所希望小学的设计,首先是写出《我心目中的希望小学》,然后各组学生选出最有代表性的作文作为希望小学设计的蓝本,从命名到校徽、校园设施、校歌、校园生活等进行创作,由分到总,最后选择每次活动中各组最有代表性的内容制作PPT汇报。

　　根据不同年龄特点,课题组教师设计了如下基于项目探究活动的主题:

年　级	主　题	成果形式
三年级	未来动物园	小组汇报PPT 学生电脑绘画作品 学生探究作文 主题网站等
	美丽的钓鱼岛	
四年级	爱心小店	
	儿童益智游戏	
	森林奥林匹克	
五年级	希望小学	
	未来之旅	
	航母战队	

（四）远程合作学习

　　课题组教师在全国首届信息技术展演活动中展示的《未来海底城》一课,就尝试利用视频云创新技术将远程合作学习方式应用到课堂教学,我校和甘肃省平凉市东大街小学在线学习。

教师课前利用合作学习网站，上传学习资源，设置网络讨论区和科幻短文写作区，由两地学生共同完成课前训练和在线讨论，为课堂教学进行大量的铺垫。展演课中，通过视频云，学生对如何建造未来海底城市进行了在线讨论，并得出结论。在作业设计上，教师让东、西部学生选择看对方科幻短文绘画，或看图作文等多种形式，学生将自己作品上传云端服务器和网站共享资源，两地学生互评、互改作业，真正实现了跨地域的远程合作学习，不同地区、不同环境文化的碰撞与交流，信息技术环境下小组合作学习得以实现，同时信息技术、美术、语文等跨学科整合，通过远程合作学习，培养学生的主体性，提高学生合作学习的能力，达到资源共享和平等学习的目的，教师和学生的创新能力都得到发展。

（五）跨学科整合

汉弗莱在1981年提出跨学科学习的最基本定义，他认为："跨学科学习是指孩子们广泛地探索与他们生活环境中某些问题相联系的不同科目的知识，这些知识可以设计多项领域——人文科学、自然科学、社会科学，数学、音乐、美术甚至交流技巧、技能和知识在多学科领域的学习中得到发现、发展和应用。"电脑绘画课程在以上美术和信息技术整合教学中跨学科学习得到大量的体现，在其他学科教学过程中，同样融进了课题研究成果，举例如下：

语文：语文教师在人教版语文课文《蜜蜂》一课中，收集了大量与课文内容有关的视频、文字和图片等资料上传网站，请学生课前浏览，并和电脑绘画教师一起备课，分别从语文和美术两个学科教学要求出发，将本课作为语文和美术统一教学主题，分别从不同角度和侧重点完成教学任务。语文课堂注重字词句与表达和书写训练，为了体现学生小组学习和个性创作，将蜜蜂创作组分为5个团队，包括卡通形象设计组、蜜蜂建筑师组、蜜蜂职业组、蜜蜂的梦想组、蜜蜂故事绘本组等。语文课为绘画做铺垫，而美术课上则让学生选择创作卡通画、想象画、绘本创作等多种美术表现形式作品，既完成了美术课程的要求，也尊重了学生的个性发展，深化了对语文教学内容的理解，激发了学生的学习兴趣，达到有效的学科整合。

英语：英语My pet一课，学生通过对生活中熟悉的宠物听说读写训练，在教学中渗透电脑绘画，利用学生喜爱的网络课堂，激发学生的学习能动性和学习兴趣；教师课前要求学生观察自己的宠物或喜爱的动物，将观察到的动物利用电脑软件进行创作并发布到学习网站，与本班同学分享；在英语课堂中，学生介绍有话可说，英语作文有事可做，电脑绘画作品给予了学生英语学习的语境，拓展了学习环境和学习内容，避免了以前枯燥的教学形式，学生在本课学习过程中得到多方面的训练，满足了学生不同的成功感，将英语、美术、信息技术等学科有机融合起来，让英语课堂更有效。

科学：（养蚕、观鸟）科学是学生最喜爱的学科之一，观察和实验是科学活动中最重要的教学形式，网络为学生搭建了对科学学科进行探究的平台。在我校的信息技术应用中，结合学科教学的需要，张也、陈剑斌老师和电脑绘画课题组共同组织了"养蚕""观鸟"等活动的电脑绘画比赛，学生通过观察发现，利用喜爱的电脑绘画方式，创作了一系列相关作品，既体现了科学的严谨，又表现出艺术的想象和教师的创新设计，极大地调动了学生观察生活、发现美和创造美的热情。

在中国和联合国儿基会"远程合作学习"科学学科"校园植物"项目中，我校500多名师生与4所远在甘肃的姊妹学校的师生共同探究这一主题，其中一项活动就是5校学生用电脑绘画创作校园植物，并上传合作学习网站进行分享和探讨，了解不同地域植物的不同生长特点，利用科学探究活动带动西部地区信息技术的应用，在活动中学生的各方面能力都得到很大的提升。

在2012年7月举办的第九届"基础教育跨越式发展创新试验研究"年会上，我校老师做了"电脑绘图与课程整合"教学研究介绍，对电脑绘图及其优势，开展电脑绘图与课程整合的教学环境、教学模式与活动开展的保障进行了详红汇报，重点分享了电脑绘图与课程整合的案例，期间展示了教师与学生的多个作品。展示深深打动了在场的每一位老师，将会场气氛推向高潮。

在2012年11月第二届STEM（科学、技术、工程、数学）教育应用国际会议上，课题组林建庚老师做了题为"Computer Graphics teaching and practicing"（电脑绘图教学与实践）的演讲，围绕会议主题"STEM教育中的教学创新和跨学科研究"，重点介绍了我校电脑绘画课题开展情况，获得了极大的成功，被誉为第二届STEM教育应用国际会议上"最成功的演讲"之一。我校课题组的经验吸引了国内外专家的关注，由于电脑绘画创新研究呈现的魅力，组委会决定从下一届开始，STEM教育应用国际会议增加对艺术的探讨，会议名称增加Art（艺术），STEM改名为STEMA，彰显了我校课题组多年来的研究的成果与影响力。

（六）创新活动设计

电脑绘画拓展活动是课堂教学外必不可少的补充，是时间和空间的延伸，让学生的学习更加灵活从容，促使一批具有绘画潜质和有兴趣的学生能

211·

力得到提高，自信心得到增强，在创作过程中创新思维得到发展。

信息技术开放周：信息技术为学科教学创建了互动平台。十年来，我校坚持举办一年一度的教育信息技术开放周，活动中全面展示师生信息技术应用能力，电脑绘画是每年展演中最吸引人的项目之一。课题组利用科组优势，设计丰富多彩、不同形式的电脑绘画活动，有教师信息技术与美术整合教学、电脑绘画电子白板新技术应用教学、语文等学科与电脑绘画跨学科教学、学生电脑绘画主题创作、作文绘画、绘画作文、绘画点评、绘画接龙、亲子绘画和电脑绘画远程合作学习等，这些活动提升了教师的教学技术创新应用能力，也提高了学科整合能力。学生活动促进了孩子多方面的发展，在家校互联、学科知识、评价、合作学习等方面都有创新。

校长杯网络创新大赛：网络学习是当今和未来发展的方向，校园网为学习活动的开展提供了不受空间、时间约束的教学平台，课题组每年举行一次福民小学"校长杯"网络创新大赛，与信息技术开放周不同的是，从现场活动变为网络活动，使学生电脑绘画活动与家庭更贴近，让家长更加理解、支持课题活动的开展。

同时，学生每年参加全国/广东省/深圳市中小学生电脑制作活动、深圳市学生网络夏令营活动、福田区科技节等活动，都取得了优秀的成绩。

活动给学生提供了展示的舞台，在近四年的深圳市学生网络夏令营活动中，都由我校师生负责设计创新活动网站、海报和画册等。课题组组织学生参加动漫、电脑绘画等多项比赛，其中获得一、二、三等奖的有50多人次，我校连续三年获得学生组织奖，让学生在活动中创新思维得到发展，挖掘了孩子的潜能，增强了他们学习的自信。由于我校在网络夏令营中的累累硕果，今年市教育局和市电教馆将本届活动开营仪式和调研活动放在我校举行，市教育局负责信息技术教育的范坤副局长、福田区张健副局长、市电教馆杨焕亮副馆长、区电教站朱彩强主任等领导和专家对我校电脑绘画活动和学生创作活动给予了高度评价和肯定，并对我校电脑绘画研究寄予厚望。

学生近三年参加各级电脑绘画制作比赛屡获大奖：

奖项 \ 级别	国家级	省级	市级	区级
一等奖	2	3	8	10
二等奖	12	2	23	12
三等奖	7	1	12	8

家长电脑绘画培训：每年新生接触电脑绘画课程前，学校会及时组织家长电脑绘画培训班，这是我校课题组教学研究的又一创新之举。我校坚持举办电脑绘画校本课程班级家长培训班，让家长了解信息技术与美术整合的优势，电脑绘画课程对孩子学习的影响，帮助家长掌握基本的电脑技巧和辅导孩子的方法，得到家长的一致认同，并在以后的教学工作中得到家长的理解和大力支持。参加培训班的家长纷纷在网站发帖表达对开设电脑绘画课程的感受，正如陈嘉仪的家长留言："今天参加电脑绘画培训，受益良多，自从上了电脑绘画以后，孩子很喜欢，回到家里天天说要开电脑画画。以前说实话我还没怎么重视，听完老师的培训后，感觉电脑绘画能激发孩子们的想象力、创造力，激发学生的创新思维。孩子自打上了电脑绘画课以后，仿佛学习的积极性高了，对于事物的认知能力强了，这一切都得益于像电脑绘画课这样的课程。作为家长，我非常认同老师的观点，绘画主要是以启发为主，让孩子自由发挥，而且在实践中，孩子确实得到了很多的益处。最后希望孩子在老师的指导下绘画更加出色，能力得到提升，让我们与孩子们一起成长！"

电脑绘画教学得到家长的大力支持，让教师的课堂由学校延伸到家庭，课题组设计了主题绘画、故事绘画作文、故事绘本等不同形式的电脑绘画比赛，极大地调动了学生的学习积极性和创作水平。课题研究既注重教学方式的改变，也注重学生创作过程中思维的创新和想象力的发挥，在多项电脑绘画比赛中，涌现出一大批富有创意的学生，如402班章润森的环保作品《危楼》，将地球变形为一座摇摇欲坠球形的楼房，坐落在成堆的垃圾中，楼房顶部是工厂滚滚浓烟，底部是拥挤的汽车，表现出目前城市最大的环境问题和对生活的影响，警示人们保护环境将面临的后果，作品参加2012广东省中小学生电脑制作比赛获一等奖，也是深圳市小学组参赛所获唯一一等奖。

（七）创新学习网站建设

人类在利用自身探究的本能，探索让人产生进行更多探索的需求，感受更多的快乐。学科专题学习网站为学习者创造了良好的开放式网络学习环境，是满足学习者和教师从事教学活动需求的学习管理系统，学习者和教师可从学科网站中获取丰富的学习材料。学习伙伴交流互助，利用网络教师辅导学生，支持学生练习和评价，形成探究性的学习过程。利用学科专题学习网站，调动教师集体的教育智慧，促进学与教的新思路，探索利用学科专题学习网站学习过程中师生新型关系，并实现优质学科资源共享。

"电脑绘画网络教室"开辟了课堂训练、网络课程、成长记录、主题探

附录

究等栏目，师生可以利用网站创建一个虚拟学习空间，也成为个性展示的平台。教师同样可以利用网站设置主题讨论，如三年级"美丽的小岛"、"航母战队"等作业就是探究学习的案例，"未来海底城"更是利用学习网站进行课堂远程合作学习的成功案列，网站改建后两年后至11月6日止，点击率达135916人次。

六、问卷调查

课题组为本校实验班和其他未开设电脑绘画课程对照班学生设计了调查问卷：

问　题	选　项
1. 你的年级	A. 二年级　　　　B. 三年级　　　　C. 四年级 D. 五年级　　　　E. 六年级
2. 你对电脑绘画是否感兴趣？	A. 是　　　　　B. 无　　　　　C. 一般 （对照班：A. 62.50%　　B. 5.00%　　C. 32.50% 实验班：A. 52.17%　　B. 4.35%　　C. 43.48%）
3. 在学习过程中，是否发现教学内容不合理？	A. 是　　　　　B. 没有　　　　C. 有时 （对照班：A. 10.00%　　B. 60.00%　　C. 30.00% 实验班：A. 8.70%　　B. 67.39%　　C. 21.74%）
4. 在学习中，发现不合理的地方，你的做法是：	A. 置之不理　　　　B. 告诉老师 C. 自己主动改进　　　　D. 和同学一起协商 （对照班：A. 2.50%　B. 60.00%　C. 12.50%　D. 25.00% 实验班：A. 4.35%　B. 28.26%　C. 36.96%　D. 30.43%）
5. 你对传统美术和电脑绘画的优势有所了解吗？	A. 了解　　　　　B. 不了解 （对照班：A. 32.50%　　B. 67.50% 实验班：A. 60.87%　　B. 0.00%）
6. 你觉得电脑绘画教学会改变我们的学习方式吗？	A. 会　　　　B. 不会　　　　C. 不清楚 （对照班：A. 50.00%　　B. 22.50%　　C. 27.50% 实验班：A. 71.74%　　B. 17.39%　　C. 10.87%）
7. 在生活中我们用到了电脑进行美术学习吗？	A. 经常　　　　B. 不多　　　　C. 没有 （对照班：A. 20.00%　　B. 67.50%　　C. 12.50% 实验班：A. 43.48%　　B. 56.52%）　　C. 0
8. 你听说过创新思维这个词吗？	A. 有　　　　B. 没有　　　　C. 有但不很明白 （对照班：A. 50.00%　　B. 15.00%　　C. 35.00% 实验班：A. 86.96%　　B. 4.35%　　C. 8.70%）

问　　题	选　　项
9. 你觉得自己的创新思维强吗？	A. 强　　　　B. 不强　　　　C. 一般 （对照班：A. 32.50%　　B. 15.00%　　C. 52.50% 实验班：A. 39.13%　　B. 8.70%　　C. 52.17%）
10. 你最喜欢电脑绘画课中怎样的教学方式？	A. 技法学习　　　B. 小组合作 C. 主题创作　　　D. 其他 （对照班：A. 20.00%　B. 42.50%　C. 32.50%　D. 5.00% 实验班：A. 8.70%　B. 60.87%　C. 23.91%　D. 6.52%）
11. 教师有没有在美术课堂中设计创新的教学内容？	A. 有　　　　B. 不多　　　　C. 没有 （对照班：A. 27.50%　　B. 35.00%　　C. 37.50% 实验班：A. 95.65%　　B. 0.00%　　C. 4.35%）
12. 学校是否组织过电脑绘画创新活动？	A. 有　　　　B. 很少　　　　C. 没有 （对照班：A. 12.50%　　B. 45.00%　　C. 42.50% 实验班：A. 84.78%　　B. 13.04%　　C. 2.17%）
13. 电脑绘画有没与其他课程相整合？	A. 有　　　　B. 没有　　　　C. 不清楚 （对照班：A. 15.00%　　B. 35.00%　　C. 50.00% 实验班：A. 67.39%　　B. 4.35%　　C. 28.26%）
14. 你觉得电脑绘画是否培养你的创新思维？	A. 有　　　　B. 没有　　　　C. 不清楚 （对照班：A. 60.00%　　B. 15.00%　　C. 25.00% 实验班：A. 86.96%　　B. 4.35%　　C. 8.70%）
15. 你是否喜欢电脑绘画课程？	A. 喜欢　　　　B. 不喜欢 C. 一般　　　　D. 不清楚 （对照班：A. 60.00%　B. 7.50%　C. 32.50%　D. 0.00% 实验班：A. 70.87%　B. 4.35%　C. 20.43%　D. 4.35%）

七、获得结论

本课题得到区教研室领导和美术、信息技术教研员的大力支持与指导，同时北京师范大学信息技术学院专家团队为电脑绘画课题提供了有力的理论指导，与课题组一起总结与提炼了以下结论：

（1）提高了学生信息素养和信息技术能力。

（2）启发了师生的创新思维，提升了师生创造力。

（3）学生对美的感受与鉴赏能力得到提高。

（4）体现基于任务的小组协作学习和远程合作学习。

（5）突出师生间的创作分享，学习表达。

附录

（6）注重多元智能，开发了学生无限潜能。

（7）师生跨学科教学成为可能。

八、问题与反思

（1）电脑绘画课时还不能根据学科的具体情况设置，无形中阻碍了学生能力的进一步提高，学习环境和相配套的教学工具还需更新升级，适应电脑绘画的正常开展。

（2）课程研究和实施过程中，需要根据课程特点更加科学地设置课程。

（3）课程开发与实施需要从实践层面深入到理论层面，摸索出内在规律性。纵深切入，进行系统而广泛的研究。跨学科整合理念还需站在学校层面渗透于更多学科教学。

（4）课堂教学和拓展活动设计要更多地关注学生心理特点和兴趣点，以创新思维为核心，为学生提供更大想象空间，培养其创造力，增强学生的自主探究、合作学习的意识和动力。

（5）研究成果需更系统和具有理论支撑，形成影响力，才能具有更大的推广价值。

九、结语

"网络环境下电脑绘画创新思维培养研究"将美术和信息技术融合，极大地丰富了课堂，让教学更生动，学习更主动，提高了学生的学习积极性。课题研究以培养师生创新思维为目标，通过创意教学设计和学习方式，激发学生多元智能的发挥，适合学生个性发展，提升了师生教与学的综合能力，让传统美术和电脑绘画优势互补，并将信息技术与课程整合理念渗透到其他学科。总之，研究成果表明，电脑绘画让我们看到信息与课程整合的无限可能，更多的契机等着我们去发现。